今日も新しい私に袖を通す

豊田かな

Toyoda Kana

いのちのことば社

はじめに

私の夫は教会の牧師をしています。夫と二人で教会に仕えて三十年目に入りました。二〇二〇年春、夫が書いた二冊目の本『夫婦となる旅路』（いのちのことば社）が出版されました。聖書に登場する何組もの夫婦を題材に、私たち夫婦のエピソードもふんだんにちりばめながら、聖書が求める夫婦のあり方を考える本です。

その本が出るにあたって、編集者の方から、最終章を私が書くことを提案されました。妻の視点から読み返す（言い返す？）ことで、読者の理解がより深くなるだろうというのです。文章をきちんと書いたことがなかったので、上手く書けるか、とても不安でしたが、引き受けることにしました。私が唯一できるのは、正直に体験を書くことぐらい。ところが、多くの方から、とてもわかりやすかったと言っていただきました。

寄せられたたくさんの感想の中で、気になったコメントがありました。一つは、私が結婚生活で体験してきたことをもっと詳しく知りたいというもの。二つ目は、「夫との向き合い方とか自己分析とか、書かれた内容はよくわかるし、自分なりに実行してみたら、その時は確かに良くはなる。でも、気がつくと元に戻ってしまう自分がいて、かえって落ち込んでしまう。どうしたらよいかわからない」というものでした。

私のように、自分自身や夫婦関係も本来の姿を取り戻せる体験をしてほしいなあ……。でも、どのように説明したらわかってもらえるのだろう？

ちょうどコロナ自粛で普段より時間の余裕があったこともあり、とりあえず思いつくままに文章にしてみることにしました。

それがきっかけになり、二〇二一年一月から月刊「百万人の福音」での連載がスタートし、二年間続けさせていただきました。この本はそれをまとめ、新たに数章を書き加えたものです。心が軽くなる気づきと出合える機会になれば幸いです。

もくじ

Chapter 2

今日も新しい私に袖を通す

装幀　吉田ようこ

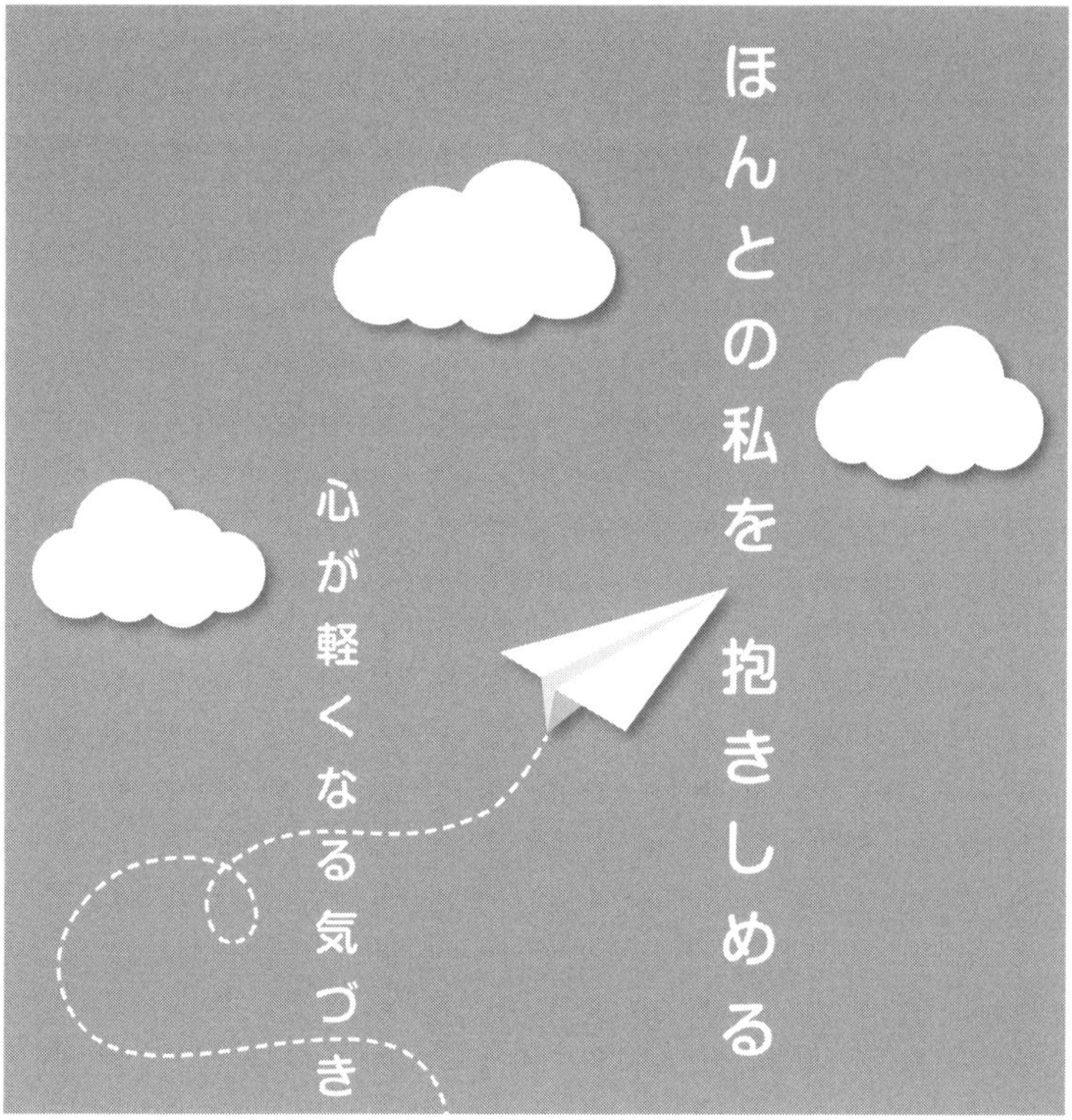
ほんとの私を抱きしめる
心が軽くなる気づき

Chapter 1

タオル事件

結婚してまだ数年目の頃です。夫が知人と温泉に行ったのですが、タオルを持っていくのを忘れてしまいました。知人が余分に一枚持っていたので貸してくれました。夫は「洗濯して返す」と言っていたそうなのですが、すっかり忘れていました。

しばらくして、その知人の奥さんから電話があり、私に話があるというのです。返却したタオルのことで、私が妻としてきちんと管理していないと言ってこられたのでした。借りていたことも知らなかったので、慌てて「知りませんでした。すみません」と謝ったのですが、どうにも怒りが収まらない様子。「ほかにもある」と言って、私がとうとう泣き出すまで、「あれが足りない」「これができていない」と、たたみかけるように言われます。

ようやく電話が終わると、ずっと横で見ていた夫が、私の電話対応がどれだけ悪かったかと言ってきました。牧師としての働きを邪魔されたと怒り心頭の夫に、私はさらにパニックに。奥さんに言われた言葉と夫の言葉が重なって、すべて自分のせいだと思い、ひどく落ち込み、その夜は悲しくて眠れませんでした。

次の日に会った親友に、「自分はやっぱりちゃんとできない。みんなに迷惑をかけてしまった」と話しました。夫や知人の奥さんが言うように、全部自分の責任だと思っていたのです。

そうすると、彼女が言いました。

「かなは悪くないよ。」

「ううん、私の対応が悪かったから、こんなことになってしまったのよ。」

「違う。かなは悪くない。」

……私は悪くない?!

目が空中をぎゅっと見たまま止まってしまいました。思考が急に変わった気がしました。私と夫。私と知人の奥さん。そして、周囲の人が見ているであろう私とほんとの私。それぞれの間に、すーっと境界線が引かれた瞬間でした。

「境界線」とは、「自分と他人との間に線がある」と考えることです。ここまでが自分の領域、そこから先はあなたの領域と、線引きしていきます。相手と壁を作ることではありません。溝を作ることでもありません。相手を「無視」したり「距離を置く」ことでもありません。お互いの領域をはっきりさせることで、健全な人間関係を生み出すのです。

このとき私の心の中に引かれた境界線は、いつの間にかあやふやになっていた私の領域を思い出させてくれました。そして、そのことから「ほんとの私」を抱きしめる新しい一歩が始まったのです。

例えば、「感情に境界線を引く」とはどういうことでしょうか。それは自分の感情に責任を持つことです。

「この人とはもう無理だ。どうしても合わない。受け入れられない」と思った時は、どう考えたらいいのでしょうか。否定的な感情になる場合、多くは相手の態度や言葉が原因との思い込みがあります。心の中に起きる最初の反応は「腹が立つ」です。怒りの感情をそのままにしていたらどうなるでしょうか。夫婦や親子、家族であったり、毎日顔を合わせる職場であったら、気持ちはどんどんつらくなり、怒りに自分の心が支配されてしまいます。

しかし、受け身ではなく、その原因や反応する自分自身を見つめることで、相手を責めずにうまく線を引くことができたらどうでしょうか。悩み苦しむ時間が、ほんとの私を発見するクリエイティブな時間に変換されていくのです。

小学生のころに夫の父親が不慮の死を遂げています。今になって思うのですが、突然襲った悲劇のため、ＰＴＳＤと言われる心のダメージも抱えてしまったようです。そうしたこともあって、結婚後、いろんな問題が出てきました。

普段は陽気で周りを楽しませてくれる夫なのに、何かのきっかけで急に怒りはじめます。「タオル事件」の時もそうでしたが、私が怪我して帰って来た時とか、息子の鼻血の跡を見た時とか、とにかく何が引き金になるのかがわからないのです。挙げ句の果てには「俺が怒る原因は君だから、俺の怒りを止めろ」とまで言ってくる始末。どれだけ謝っても、納得してもらえるような受け答えをしても、ますます怒りのボルテージが上がるばかりでした。

こんな時、私は人に拒絶されることに弱いので、「自分が捨てられるかもしれない」という「恐れ」から、必死になって言い返していました。一種の防衛反応です。しかし、結局私がうろたえるばかりで、うまくいきません。夫の性格が変わるのは期待せず、子どもたちが成長するまで、ただひたすら我慢しようと決めました。

ある日、また夫が怒りはじめました。「あぁ、また始まった」と私はため息。ほとほと疲れてしまい、とにかくその場から離れようと「夕飯の買い忘れを思い出した」と言って、そっとドアを開けて出ていったのです。一時間ほど家を空け、帰ろうとするのですが、今度は私の気持ちの整理がつきません。過去の夫の理不尽な怒りも思い出し、家を出る前よりも気分は悪くなっていきました。

それでも何とか自分を奮い立たせて帰宅し、普段どおりの声で「ただいま」と恐る恐る家のドアを開けると、お腹を空かせた小さな息子の顔がまず目に入ってきました。その顔を見た途端、とっさに「遅くなってごめん」と夫に言いました。すると、夫の厳しい表情が一瞬でほぐれ、穏やかな、いつもの顔になったのです。

それからは、夫が怒り出したらその場を離れ、時間を空け、普段どおりに接することにしました。夫と私との間に境界線が引かれていきました。すると、夫が怒り出すことはなくなりました。夫は自分を見つめるようになり、自分の心の傷に目を向けるようになったのだと思います。

さらに同じころ、夫は「境界線」の本に出会い、そこから「気づき」が与えられて、劇的に変わっていきました。それまでの道は紆余曲折ありましたが、変化しはじめたら、とても早かったのです。イモムシがさなぎになるまでは時間がかかります。しかし殻が破れるとまたたく間に蝶になります。殻が破れた夫も見る間に変わっていきました。そして今もそのままです。

今度は、夫のほうが私に対してはっきりとした境界線を引いてきました。きちんと学んだ原則に基づいて引くので、一貫性があり、安定しています。あれだけ短気で怒ったら止まらなかったのに、まったく怒らなくなったのです。そのことは子どもたちも証言しています。

私はそのことを喜んでいいはずです。ところが逆でした。冷静に境界線を引かれることで、目立たなかった私の不安定さが浮き彫りになってしまったのです。彼が怒らないので、私が安心してイライラをぶつけるようになってしまいました。夫に我慢してきた過去を思い出し、「思い出し怒り」をしてしまいます。でも夫は「反応」しません。

今度は私が自分を見つめる作業をするしかありませんでした。私は非常に多くの「反応」をしていることに気がつきました。「反応」している自分に気づき、自分の傾向を知った時に、受け身から能動的に自分の問題と向き合えるようになっていました。

キャプテンのレボリューション

長男が三歳の時、ママさんバレーに誘われました。バレーボールの経験はなかったのですが、面白そうなので、参加しました。それから二十年以上も続けています。

しかし、楽しい練習の一方で、ポジションをめぐる争いや大人気ないいがみ合いも目にしてきました。私は初心者なので、先輩に必死についていくだけ。部活の延長のような縦社会で、争いが起こるたびに「あんなふうにはなりたくない」と思っていました。

そうこうしているうちに、一人抜け二人抜け、いつの間にか最年長になって、キャプテンのお鉢が回ってきたのです。なんせ初心者上がり。だいぶ断ったのですが、聞き入れてもらえず、結局引き受けることになりました。

やるからには、ずっと前から願っていた「みんなが楽しいチーム」を作りたいと思いました。言いたいことを自由に言える雰囲気作り。上下関係の壁も感じない楽しいチーム。

思い描いたチームらしくなり、勢いも出てきたころです。エースが「このチームだとあなたは成長できない」と他のチームの人から言われて、そのチームに引き抜かれてしまったのです。さらに主力メンバーも別のチームに。気がつくと、どんどん人が辞めていく。

とうとう残ったのは三人だけになってしまいました。

チーム解散の危機だったのですが――実際落ちるところまで落ちた――、「本当に仲が良い三人になったからいいか」と自分を慰めていました。その時、自分の子どもに近い年齢の若い子が三人も入ってきてくれて、気分が上向きになりました。こうなると、今度こそ「楽しいチーム」が作れるとパワーが湧いてきました。新メンバーは「ゆとり世代」と言われる子たちで、先輩への遠慮はありません。いろんな要望にもできる限り応えて、うまくやってると自負していました。

ある日、チーム最年少の子が私にこう切り出してきました。

「本当はやりたいポジションがあるんでしょう？　正直に言ったら？」

「そんなのないよ。みんながやりたいポジションに入ってくれたら、私はそれがうれしいから」と私は大人対応。

「そんなの私たち望んでないよ。豊ちゃん（私のこと）が何をしたいかが知りたい。」

「私は初心者上がりだから、みんなを優先したほうがチーム力も上がるし、私はどのポジションでもいいよ。」

「本当にそんなチームでいいの？」

責められているように感じ、顔がこわばってしまっていたのでしょう。見透かしたよう

に彼女は、

「責めてないよ、わかってる？　したいことを正直に言ってほしいだけ。チーム力は私が何とかするよ。本当のこと言って。」

私は、本当は何を願っているのだろう？　必死に考えようとするのですが、またチームがばらばらになるのではと、不安で思考は停止したままでした。

キャプテンの私のことを信頼してくれていない？　何か疑っている？

後で考えると思い違いも甚だしいのですが、「過剰反応」し、一番恐れていたことが起こるかもしれないとパニックになっていました。

これだけみんなのことを優先してきたのに……。

時間もどれだけ犠牲にしてきたことか……。

数々の困難を乗り越えてきたはずなのに……。

心底がっくりきていました。

悩み抜いた末、別の町に住む尊敬する先輩に助けを求めることにしました。

「先輩、ちょっと相談に乗ってもらえませんか？」

どんなに傷つき、落ち込んでいるかをわかってほしい。今までの苦労をすがるような思いで話しました。

ふんふんと聞いていた先輩が一言。

「さっきから、人のせいにばっかりしてるね。」

「え？　私がですか?!」

「そう。」

「……」〈絶句という言葉は、こういう時に使うんだな〉

「『みんなのため』って言ってるけど、自分は本当に楽しんでる？　我慢してるだけじゃない？　それってチームに伝わるよ。我慢してたら、結局みんながしんどくなるだけ。」

「考えたことなかったです……。」

「キャプテンが心底楽しんでたら、その空気がみんなに伝わって、楽しいチームになる。どんなチームにしたいって思っているか、もう一回考えてみたら？」

原因は私？　頭が真っ白になりました。でも言われていることは、なぜかスッと心に入ってきたのです。確かに人のせいにばかりしているなぁ。相談を持ちかけながら、実際には愚痴のオンパレード。

勇気がいるけど、正直に言ってみよう。そう心に決めました。

次の日、チーム唯一の同級生に会ったので、相談したことを伝え、「いいアドバイスもらった！　これからもっと自分に正直になっていく」と言うと、彼女から想像もしなかったことを言われたのです。

「ずっと不思議やったわ。こんなに長く、大変なことも乗り越えてがんばってきてるのは知ってる。でも、なんでこんなに人に誤解されるんかなと思ってた。実際、あなたさぁ、時々何考えてるかわからんかったし。」

〈またキツイこと言う……傷ついたらだめだめ、と自分に言い聞かせて〉

「そんなに？」

「そう。でもわかった。正直に言わんからや。我慢してるつもりかもしれんけど、そんなの続けてたら、みんなからの信頼を失うよ。」

「えーっ、ほんとに？　それはイヤや。」〈そこまで影響あることなのか……。ここはがんばって受け入れていこう〉

「親友にもこんなこと言ったことないけど、はっきり言っとくわ。」〈はい、めちゃめちゃはっきりです〉

次の練習の時、今回のきっかけとなった、例の最年少の子が「待ってました」とばかり、皆の前で切り出しました。

「はい、がんばって言ってみよう！　何がしたいのか、正直に！」〈私は幼児か？〉

「えーっと、私がやりたいのは前のポジションです……。」

「よく言えました！　拍手！」

「そこまでしなくても……。」〈みんな、なんでそんなに喜んでるの？〉

「じゃあ、後ろは私に任せて。フォローするからね。」

なんだこれは？と思ったと同時に、キツイと思っていたその子から、ものすごく愛を感じたのです。そして私の心から力みが消えて、ふわっとした感覚に包まれていきました。

正直な気持ちを伝える努力をしてみると、意外とみんな協力的。私も肩の力が抜けて、チームのピリピリ感もなくなっていきました。

人生のターニングポイントって言いますが、これは私にとって内面の変革（レボリューション）でした。衝撃的な、でもうれしすぎる出来事でした。


しばらくしてから、私の内面で何が起こっていたのかを客観的に分析してみました。

――なぜ正直に言えなかったのか？

拒絶に弱く、わがままな人と思われたくない、嫌われたくない自分がいました。

――なぜ人のせいにしていたのか？

拒絶されるのが怖くて、自分に非があると認めたくない。防衛反応から人のせいにしてしまう。傷ついたと言っているが、押し殺した怒りが積み重なっていたのではないか。自分のほうが正しいという「自己義認」に根ざした怒りだった。

――なぜそんなに我慢できたのか？

「忍耐力のある自分」に依存していた。

そうやって自分を分析していくと、一番大きな要因に気づいたのです。「あんなチームにはしたくない」「あんなひどいことを言うような人にはなりたくない」という思いが、自分のチーム作りの原動力に、そしてある意味、非常に困難と思えることも乗り越えられるパワーになっていたのです。

それは、非常に大きなパワーでした。周りの人からも「よく諦めずに続けてるね」と言われました。それぐらい大変な人間関係を含む困難な状況を乗り越えてきたのです。

そのエネルギーの源は自分の忍耐力の強さだと自負していました。しかし、実は心の根底にあった拒絶の恐れと怒りだったのです。人の言葉に必要以上に敏感に「反応」していました。

その結果、境界線を引くことができなくなりました。「反応」している自分に気づかないから、「境界線」がはっきり見えなくなったのです。そして自分の感情に責任を持たずに、周りの人たちに責任転嫁していたのでした。

また、自分が何度も同じことを繰り返して、全然成長していない、良くなっていないと感じるのも、そのためだった、と思い至りました。

「あんなふうになりたくない」と反応していると、その気持ちが大きくなり、本当に自分がしたいことを見失ってしまいました。

良いことをしている、良い人になっていると思っていたのに、まさか「反応」していたとは。それどころか、気づかないうちに、人を見かけだけで判断したり、時にはさばいたりしていたのです。

自分の気持ちを正直に出したことで気持ちが楽になりました。とはいえ、「正直に自分の気持ちを言う」ことは、なかなか勇気がいります。私の場合は、チームメイトの愛の行動で強制的に「言わされた」のですが、そのようなお膳立ては普通ないですよね。彼女には今も頭が下がります。これからは私が、正直に言えるように励ます側になりたいと思います。

コアな恐れの正体~祖母の言葉

私に起きた、もう一段階「心が軽くなった体験」について。

周りからの指摘がきっかけで、「反応」している自分に気づき、正直になることで気持ちが楽になりました。根底に恐れがあるので、必要以上に反応していることもわかりました。それが「嫌われたくない」という、拒絶に弱い私を作ってしまっていたことも理解できました。

しかし、もっと深いコアな恐れがあるのではないかと思うようになりました。そしてわかったのです！　私がある言葉に強く影響されていたことに。

それは母方の祖母の言葉です。小学生低学年の頃から、ことあるごとに聞いていたフレーズでした。

「あなたのお母さんは、いつもクラスで一番人気だったのよ。お祖母《ばあ》ちゃんが、そういう性格に育てたの。」

祖母は、若くして夫を亡くし、母を育てるために看護師として二つの病院をかけ持ちして、がむしゃらに働きました。それだけでなく、負けず嫌いな自分のようにはなってほしくないと強く思っていました。おっとりした、みんなから好かれる娘に育つようにと、何不自由ない環境を作ったと言います。

当時、子どもの私は、「お祖母ちゃん、すごいなあ〜」と感心していました。

ところが、私の生まれ持った真面目な性格からか、「私もそうならないといけない、私の母もそう願っている」と思い込んでしまっていたようです。何かと完璧を目指してがんばる子になっていきました。勉強面はいい方向に向いていったのですが、友達関係はなかなかうまくいかないことが出てきます。幼い頃、ケンカしただけで、「こんな私は、もうお母さんから嫌われ、捨てられてしまう」とまで思ってしまうほどでした。自己嫌悪に陥って、生きているのが苦しかったのを覚えています。

表向きは外交的で積極的な私。人見知りはしないし、新しいことにチャレンジするのも大好き。それも確かに私の一部なのに、なぜこんなにビクビクしているのだろう？　いつからこんな自分になったのだろう？　小さい時はわんぱくで活発な女の子だったような気がするのに。

正直になって、自分の嫌いな部分も見つめてみました。これを「ありのままの自分」と名づけてみます。ほんとはつらくてしたくないことなのだけれども。

しばらく思い巡らしていた時に気づいたのです。祖母の言葉。そしてわかったのです。この言葉から影響を受けて変わっていった私を。

拒絶に弱く、傷つきたくないので必要以上に反応してしまう、このコアな恐れ――祖母の言葉――にとらわれていたことを発見したのです。それは心の深い所から、スーっと現れました。自分でもはっきり認識できました。

はっきりわかった途端、なぜか涙が出てきました。張り詰めていた何十年もの固い塊が溶けていった感覚。安堵感なのか、解放感なのか。あるいは名探偵の推理のように、謎が解けたスッキリ感なのか。

コアな恐れの正体が解明できてからは、生きるのが楽になりました。大げさに聞こえるかもしれませんが、本当なんです。

「な～んだ、お祖母ちゃんのあんな言葉に影響されていただけか」って思えただけで、こんなに楽になれるなんて幸せすぎます。目の前の景色がパーッと明るくなりました。

祖母の言葉を聞く前のキラッキラの幼い頃の私に戻れた感覚。神様が創ってくださった本来のオリジナルの私、「ほんとの私」と出会えたうれしさかもしれません。

私がガチガチにハマっていた枠は「理想の私」でした。これは、ほんとの自分ではなかったのです。「理想の私」がほんとの自分だと錯覚していたのです。

そのことに気づいてから、自分のことを客観視できるようになったと思います。「ありのままの私」と「理想の私」をはっきりと区別できるようになりました。神さまの創ってくださった「ほんとの私」にはまだまだ至りません。でも「ありのままの自分」と向き合えたことで、神様が私の内で働いてくださる内的変革（レボリューション）は現在進行中です。

感情を所有する～夫の境界線

先に、夫が「境界線」に関する本に出会い、そこから「気づき」が与えられ、劇的に変わったことについて書きました。それ以来、まったく怒らなくなり、現在もそうです。夫がその本と出会ったいきさつから、彼の変化の様子について書いてみます。

十数年前、私たちの教会に、小さな子どもを持つお母さんが増えてきました。子育ての学びをしたいという要望があり、読書会という形で始めることになりました。

夫が見つけてきたのが、『「人を殺してはいけない」と子どもに教えるには』（原題 Boundaries with Kids）という本でした。絶版になっていたため、ネットで古本を探し、十冊近く買い集めました。

夫がその本を紹介したのには理由がありました。本の中のこんな言葉を読んで、ショックを受けたからです。

「感情移入しすぎて子どもに我慢させることができない親は少なくありません。」

その頃の彼自身、そのものでした。

例えばある時、息子が決められた時間を破ってゲームをしたので、三日間ゲーム禁止にしました。それがゲームを買う時の約束だったからです。しかし次の日、子どもは我慢できなくなり、「ゲームさせて～」と言ってきます。それを聞いて、夫は「かわいそうだから、もういいだろう。返してあげて。見ている僕が耐えられない」と私に言ってくるのです。それどころか、しつけとして約束を守らせようとする私を「冷たい母親だ」と怒ってきます。

別の日には、学校から帰宅して一人で本を読んでいた息子に、夫は「なぜ誰とも遊ばないの？　外へ行って、誰か探して遊んできなさい」と言いました。息子が「今日は誰とも約束してないから……」と言っているのに、「誰かいるはずだ」と外に追い出すのです。私が「子どもは一人でも楽しく遊べるから」と説得して、ようやく収まりました。

幼い頃に父を亡くした夫は、寂しい子ども時代を過ごしました。父親とキャッチボールをしたくてもできませんでした。そのせいで、一人でいる息子を見ると、「寂しい気持ちに違いない」と思い込むようでした。ゲームができなくなって悲しそうな姿を見ると、自分も悲しくなるのです。

しかし、夫はこの本を読んでいくうちに、幼い頃の自分の感情を子どもに投影していることに気づきました。

自分のようなつらい思いをさせたくないという親心。しかし、それにとどまらず、自分の欠乏感を子どもを幸せにすることで埋め合わせようとしていました。その欠乏感（弱さ）を知られるのが怖くて、怒りというふたで隠そうとしていたのです。

息子との関係が思い描いていたようにはいかず、なぜそうなってしまうのかと苦悩していた夫でしたが、境界線の本を通して、さまざまな疑問が解決し、感情の仕組みがすっと腑に落ちていきました。

すると息子への接し方が驚くほど変わりました。私への接し方も変わりました。感情のコントロールを工夫するようになりました。落ち着いて息子たちと話ができるようにもなり、今では私よりも上手にコミュニケーションできます。その姿は尊敬に値します。

私も、この本を読んでいくうちに、自分の感情は自分で責任を持つことの大切さを知りました。自分がイライラしたのは、私を怒らせた相手のせいではありません。責任を持つとは、自分の感情を所有することです。そう、感情は私のもの！

「なぜ私は怒っているのだろう？」と自分の心に問いかけます。するとたくさんの「気づき」が生まれます。

夫の場合はこうです。

「幼い頃の寂しさを子どもに重ねていたなあ。」

「自分の欠乏感を埋めようとして、それが埋まらないから怒りになっていたなあ。」

「反応していた」という「気づき」が、感情との間に距離を作るので、落ち着いて対応できるようになりました。

どれだけ怒っても何もできない。彼は怒るエネルギーを違うところに使おうと気持ちが変わっていったのです。

人の怒りは神の義を実現しないのです。（ヤコブ1・20）

ところで、この本を原書と読み比べながら読書会をしていましたが、日本語訳が原文とかなり異なっていて、聖書の言葉はすべて割愛され、神様の記述は別の表現になっています。

夫は自分をこれほどまで変えてくれた本を多くの人にも読んでほしいと思い、無謀な行動に出ました。絶版になっていたので、再版してほしいと何度も出版社にかけ合いましたが、相手にしてもらえません。ところが、そのやりとりをブログに書いたところ、友人が「著者を知っているので依頼してみましょう」と言ってくれました。そして彼女が原書に忠実に訳し直してくれたものが『聖書に学ぶ子育てコーチング』（あめんどう）として出版されました。奇跡の出版でした！

「謙遜」を演じていた

高校三年の夏。父が見せてくれた本場アメリカのゴスペル音楽のビデオに衝撃を受けました。私もこんな音楽を演奏したい。何か運命的なものを感じました。未来がぱあっと開かれたようでした。アメリカの大学で教会音楽を専攻する道が開かれました。

入学して、まずびっくりしたのが、賛美の伴奏です。ピアノを弾くとき、誰も楽譜を見ていません。譜面台に楽譜がなく、曲名が四、五曲書いてあるメモだけでした。先輩のピアニストは、リストに書いていない曲が急に入っても、いとも簡単に耳で聞き取って弾いていくのです。

感動しました。私もそのように弾けるようになりたいと思いました。専門の先生に付いてレッスンを受け、無我夢中で練習しました。

レパートリーも増え、少しずつ自信が出てくると、「かなもチャペルで弾いたら?」と声をかけてもらえました。

自分の中でも弾きたい気持ちが募っていたのですが、そこは日本人。出しゃばってはいけない。控えめに。完璧になるまで。頼まれても「私はまだまだです」と断っていました

(日本人なら普通の受け答えのはず)。

ある日、いつものようにカフェテリアでランチを食べていました。テーブルの向かい側には教会のクワイヤのヒーロー的存在である先輩が座っていました。彼にブラックゴスペルを歌わせたら一気に盛り上がりますし、ラテン調の陽気な性格でみんなからとても好かれていました。

その彼が私に話しかけてきました。

「かな、まだチャペルで弾かないの?」

もうすぐ一年目が終わろうとしていましたが、そこはまだ一年生。とんでもないという顔で答えました。

「ノー、ノー、まだまだ上手に弾けないから無理だよ。」

すると、ニコニコしていた彼が急に真剣な表情で、「かな、それはプライドだ」と言ったのです。

「いえいえ、弾けないんだから弾けないの」と必死な私。

「君が弾けることを僕は知ってる。かなは失敗したくないだけ。その理由で弾かないのはプライドなんだよ。」彼は優しくもはっきり言ったのです。

プライド? 高ぶっている? この私が? こんなに謙遜にしているのに? 英語のニ

ュアンスは違っているの？

しばらくは、「君は高ぶっている」と面と向かって言われたことと、尊敬している先輩から「高慢な人」と思われていたショックで、気持ちが混乱してしまいました。

失敗したくない。それって普通じゃないの？　でも、「出しゃばり」とか「目立ちたがり」と思われたくない、そんな恐れがプライドの正体だったのです。

今考えると、その恐れは中学の時にいじめられた経験からきていました。小学生の時はクラス委員に選ばれると喜んで役割をこなしていました。中学で「イキっている」とイジメられてからは、周りの視線が怖くなりました。先に書いた祖母の言葉に反応していたのかもしれません。中学三年で学級委員に選ばれた時は、司会をしないといけないのに、とうとう一回も前に立つことができませんでした。

ずっと前の出来事なのに、アメリカに来てもまた起こるかもしれないという恐れから、無意識のまま「謙遜な私」を演じていました。

「いい人」と思われたいという気持ちが、励ましてくれた友達の優しさにも心を閉ざしていたことに気づきました。

気づいたことが、もう一つあります。音楽は、神様が私に与えてくれた賜物です。それを過小評価していました。神様までも過小評価してしまっていたのです。

どう見られるか、どう思われるか、私の関心は絶えずそこにありました。「その自意識過剰がプライドだ」、そう彼は言いたかったのでしょう。その言葉は私の琴線に触れました。

彼の言葉は帰国後もたびたび私を矯正してくれました。ある時は勇気を与えてくれました。私の思いや考え、将来の計画ではなく、プライドを捨てて神さまの与えてくださった使命の中に歩みたいと強く思えるようになりました。

目の前にやってきたものは神様からの贈り物かもしれない。まずそう捉えるようになりました。失敗を恐れず挑戦し、小さな一歩を踏み出してみました。

反応していると、神様の与えてくださった唯一無二の私に出会えなくなります。神様に導かれた使命に生きていけなくなります。

人の視線が気になる、プチパニックになる、そんな私は基本的に今もあまり変わってはいません。でも、それもありのままの私の一部と気づいただけでも大きな変化。演じる必要がなくなって、生き方がリラックスしていきました。

天然を受け入れる

ほんとの私（ありのままの自分）ってなんだろう？　模索しはじめたのは数年前。夫が執筆中の『真の自己となる旅路』（仮題）の原稿を読んでいて、ハッとした箇所がありました。要約してみます。

――「ほんとの私」（ありのままの自分）が見えるには、まず「理想の私」（偽りの自己）を発見しないといけない。「ほんとの私」を成長させることはできるが、「理想の私」に成長はない。「理想の私」を変えようとがんばると律法的になってしまう。「ほんとの私」だけが「神の似姿としての私」（真の自己）に出会っていける……。

えっ？　がんばって自分を変えようとしているのに、思っているイメージ（自画像）が思い込みだったら大変！　努力が無駄骨になってしまうではありませんか。

ある年の元旦。私は決心して一つの標語を掲げました。

「〝ツッコミ〟ができる人になる」

私の親友は生粋の大阪人で、とても面白いのです。旦那さんも彼女の言葉にケラケラ楽しそうに笑っています。

いいなあ～。私もあんな面白い人になりたい。とはいえ、私の夫もどっぷり（?）大阪人。私はいつも笑わせてもらう側。夫からは「〝天然〟やな」と言われるけれど、笑う側から笑わせる側（漫才で言うとツッコミ役）になりたいのです。

「今年は天然キャラから、そっち側の人になるからよろしく」と公言すると、親友からバッサリ。

「あなた、どこを切っても〝天然〟しか出てこないのに、何言ってるの?」〈こんな正直な親友はなかなかいないので、ちゃんと感謝してます〉

この話を別の友人にしたら、こんな優しい言葉をかけてもらいました。

「え～なんで?　天然って、いい人しかなれないでしょう?　なれるものなら私もなりたいわ～」

「あら、そうなんだ～」と素直な私はちょっとうれしくなり（そこが生粋の天然?）、心を新たにして、翌年の元旦にはこんな目標に変えました。

「〝天然〟を受け入れる」

一大決心！　何度も自分に言い聞かせて一年を過ごしました（笑）。

しばらくして、ふと気になりました。本当に〝ツッコミ〟キャラになりたかったのかな？　違うキャラクターになりたい、ということは、私のどこかが嫌いなのかな？　人を笑わせる明るい人になりたい。確かにその気持ちはあったけど、他の要因が潜んでいたのかも……。

しばらく思い巡らすと、勝手に思い込んでいたイメージが見えてきました。「天然＝しっかりしていない人」です。

私はいい人、しっかりした人でありたい、と強く願っています。真面目な性格だったり、失敗や間違いを犯すのが嫌なので、指摘されたと少しでも感じただけで、今度はその欠点を隠そうと躍起になってしまいます。夫から指摘された時は、彼のせいにして問題をすり替えてしまったり。〝しっかりした人〟になろうと、もっともっとがんばってしまいます。ところが嫌な自分を変えようとしても、そう簡単に上手くいきません。がんばった成果が出ないと、がっかりしてしてしまい、自己嫌悪に陥る時も。

嫌な自分を隠そうとツッコミの側になろうとしていた。隠せるわけはないのですが、潜在意識の中で、変われる自分を求めて、あのような新年の抱負を掲げたのかもしれません。「天然キャラ（ほんとの私）を受け入れる」この標語達成のために、私はあることをやってみました。それは……

神様からツッコんでもらう！　なかなか面白い試み！　とても気に入っています。「あ

〜あ、またやっちゃたね。」クスクスと笑ってる神様を思い浮かべてみます。

「やっぱり君は天然！」

そんなことを想像してると、私って愛おしく、なかなかかわいいキャラかもって少し思えるようになりました。失敗に対して恐れが少なくなってきました。素直に謝れるようにもなりました。

心が軽くなると、指摘されても感謝できるくらい余裕が生まれました。共感力も高まっていきます。内面の小さな成長に目が留まり、うれしくなる時も。

落ち込んだり気持ちがイライラしたりした時が、実はチャンスなのかもしれません。「理想の私」（偽りの自己）に気づけるからです。「ほんとの自分」にがっかりしても、自分を責めないでください。その代わりに「ほんとの自分」をそっと抱いてあげます。未熟な自分がゆっくり成長していくのがわかると思います。負のスパイラルに陥る前に、少し勇気をもって自分を見つめ、そして笑顔の神様を思い出してくださいね。

「空気、はい空気」

ワーキングママにとって一番つらいのは、子育ての時間が十分にもてないことでしょう。仕事から帰っても「早くしなさい」「まだ宿題終わってないの？」　朝は朝で「早くしないと、お母さんも仕事に遅れるでしょう？」　とにかく早く早く……と追い立てて、毎日が時間との戦いです。そんな中で問題が起きると、普段からゆっくり見てあげられていない罪悪感から、自分は「だめママ」だと落ち込みます。

私は塾の仕事を長年しています。仕事は午後三時から夜十時頃まで。お昼に夕飯を作り、テーブルに置いて家を出ます。子どもと一緒に夕飯が食べられません。家にいても準備、採点、テスト作りに追われています。

ゆっくり子どもと過ごせない。これは私にはとてもつらいことでした。特に息子が小学生の頃、問題を起こし、学校に親が呼び出されると（まぁよく呼び出されました）。

先生からお決まりの質問をされます。

「最近の息子さんのおうちでの様子はどうでしたか？　何か変化はありませんか？」

「何も変わったことはありませんが……」と答えるも、「ほんとですか？」と疑うような先生の視線が痛く刺さってきます。〝だめママ〟とレッテルを貼られた気分でした。

「なんで、こんなことしてくれたの？」息子に腹を立て、「なんでこんなに仕事させられるの？」と夫にイライラをぶつけていました。

罪悪感を持つと、すぐに責任転嫁してしまいました。こんなに嫌な気持ちになったのは息子のせいだ、夫のせいだ、と。自分を責める代わりに誰かを責めることで、自分が傷つかないように防御していたのでしょう。「なぜ私ってこんなに落ち込むのだろう？」という、自分の感情の原因探しはまずしません。

子どもが思春期に入ると、コントロールできなくなり、思い描いていた子育てとはほど遠い状況にも直面します。

「こんなふうになったのは、私が仕事ばかりしていたからだ」「小さい時にもっと深い関係を築いていていたらよかった」……後悔といら立ちが募る時期がありました。

そんな私の気持ちが大きく変化したきっかけは、ある子育てセミナーでした。小さな子どもさんを持つ一人のお母さんが講師の先生に質問されました。

「兄弟ゲンカをよくするのですが、自分たちで解決させたほうがいいと思い、親が入らないようにして、ほっておいています。それでいいですよね？」

先生は即答されました。少し強い口調で。

「空気、はい空気」

「いえ、できるだけ早く親が止めるべきです！　神様は平和の神です。家庭に平和を作るのが母親の役目です。」

質問したお母さんは、「えっ？　そうなんだ」とびっくりした表情をされました。その時、私は悟ったのです。

〝親の役目は平和を作るだけでいいのだ。〟

何ができる、できないではない。空気を作るだけでいい。

それから家の中の空気を観察してみました。今の空気は？　ピリピリした空気になっていない？　すると、わかったのです。自分がイライラしていたら、空気はピリピリなっていることが。つまり私の気持ちが家庭の空気になっていたのです。子どもたちや夫のせいではありませんでした。

一大決心をしました。子どもがムスッとしていたり、返事しなかったりしても、その態度にいちいち反応しない。一人ひとりの存在を喜びとしよう！　食事を作ることを楽しもう！　ふわっとした空気が作れたらそれでOK。母親の役割合格！

初めは大変でした。「もうご飯なんか作らない、自分でしなさい！」と思わず言いそうになります。「空気、はい空気」と聞こえないようにブツブツつぶやいて、気持ちを何とかコントロールしていました。でも、次第に楽にできるようになったのです。

私が反応しないと、彼らも反応しません。空気は自然にふわっとするのです。子どもたちがどう思っていたかはわかりませんが、私には少なくともそう感じられました。

最近結婚したばかりの青年男子に「仕事しながらの子育て大変だったわ～」と言うと、こう返ってきました。

「仕事している女の人っていいですよ～。うちの奥さんも働いているけど、かっこいいと思いますもん。」

〝かっこいい〟と言われたのがうれしかった。以前なら褒められても「そんなことない」と心で否定していたのに。

平和を作る、という一言を聞いて以来、〝ふわっとした空気〟だけを目指してきた私。気がつくと私の心も軽くなってきたのかも！　素直に喜べたのは、罪悪感からきていた「だめママ」が消えてるから？

新しいことを始めるエネルギーが出てきました。あの時気づくことができてよかった。本当によかった！

「先生、うちのお母さん、ヤバいねん」

小学生のY君。塾のドアを開けるや否や、

「先生、うちのお母さん、ヤバいねん。」

〈え～っと〝ヤバい〟＝〝おかしい〟ね〉と頭の中で翻訳しながら私が尋ねた。

「どうしたどうした？」

反抗期のお兄ちゃんとお母さんのバトルがすごくて、弟は大変らしい。ゲーム依存症の兄。母はあの手この手で阻止しようとする。そこは現代機器を網羅してる兄のほうが上手。悪い手を使ってでも、こっそりやっている。弟は母に言う。母はキレて、ゲーム機や携帯やら、兄の目の前で壊す……そりゃあ大変になるよね。

「オレ、関係ないのに、チクったってお兄ちゃん殴ってくるんやで～。やってられん。先生、殺しといて～」〈〝今度会った時にきつく叱っといて〟ってことね〉

「でもな、だいたいお母さんが頭悪いねん。」

「なんで？　どう言うこと？」

これはえらいこっちゃ。クラスのほかの生徒たちも、聞き入っている。授業の開始時間は過ぎてるけど、まず落ち着かせないと……。

「だって、一週間したら、また携帯買うんやで～。頭バグってるやろ?」〈ヤバい、バグってる。次から次へと新語。私の頭もアップデート〉

「携帯買わなかったらいいだけやのに、連絡できないから……って何回買ってるねん?一番あかんのは、お母さんやで。今度言うといて～」

「Y君、正しいわ～。今度会ったら言うとくわ」と答えたものの、いやいや、そんなこと言えないし、会わないことを願っている私。でも何とかしてあげたい。

しばらくの間、この会話は何度も甦ってきました。さまざまな側面が見えてくるからです。

ゲーム依存症に陥る思春期の男子。奮闘するも上手くいかなくてつらそうな母親。父親がまったく登場しない母性社会の日本の現実(子どもの問題は父親不在が原因っていうわけでもなさそう)。「お父さん、何とかして!」と言っても黙っているのかも。アメリカではパートナーの沈黙(無視)も一種のハラスメント(虐待)とみなされる場合があるみたいだけど……。

明らかに、親の子どもに対する境界線に問題があります。相談されたら、力になりたいと思います。

「先生、うちのお母さん、ヤバいねん」

でも私は女性で母親だから、「結局〝お母さんが悪い〟」って終わる日本の家族事情（現にこの男の子も言っている）に悲しくなるし、同情するし、何とかしたいって思ってしまいます。いろいろ憶測してしまいます。

「ちゃんと母親業ができないのは、お母さん（自分の母）のしつけがよくなかったからだ」って自分が育った環境を呪っているかもしれません。「親がケンカばかりしていて、ちゃんと見本を示してくれなかったから、私も夫とうまくいかないんじゃない。今からでもいいから謝って！」心の中で叫んでいるかもしれません。

信仰をもったクリスチャンなら、こんな時どうするのでしょう？　大なり小なり似たような問題が必ず目の前にやってきます。反応してイライラ。怒ってしまって自己嫌悪。赦せない思いが消えない。祈って、聖書読んで、悔い改めて……でも「思い出し怒り」がなくなることはなく、機会があれば出てきます。そのたびに悔い改めたらいいの？　いえ、隠れた怒りに気づくことが先決です。

でもまぁY君、ここで吐き出せて、否定されずに受け止めてもらえただけでもよかったかもなあ〜。この時、私はどこかホッとしました。自分は悪くない、そんな気持ちを理解してもらえた、それだけで彼は次に進めるでしょう。

信仰を持っても、彼のようにできたら、どれだけ楽になるでしょうか。葛藤している方の心に届いてほしいです。

「クリスチャンになって○○年なのに、まだ親が赦せない」〈いいよいいよ、無理に赦さなくても〉

「祈れていない」〈祈れるまで、のんびり待ってたらいいよ。代わりに私が祈っとくから〉

赦さなくていいっていうのは神学的にどうなのかわからないけど、〝まだ赦せない〟というその気持ちを「クリスチャンらしさ」という皮膚で覆い隠すのは違うよな、って思います。そこから何も成長しないかもしれないからです。赦せたらもちろん感謝。でも、もしかしたらずーっと赦せなくて終わるかも。でも大丈夫。そんな認めたくもない汚い気持ちがまだあるって認めたら、何かが変わって、自分の気づかなかったところに変化が生まれてくると思います。

　赦せない、祈れない、それがほんとの私。できたら見たくないし、認めたくないです。でも、そんな未熟な私をそっと自分で抱いてあげてください。もう一度言っていいですか？　そっと抱いてあげてくださいね。

思春期と反抗期の見分け方

私の塾では毎年四月はお友達キャンペーン。お友達を誘って入会したら、図書券をプレゼントしています。中学二年で入塾してきたN君は、O君に誘われて来ました。

O君は小学生の時から通っているのですが、とにかく面白い。明るくてムードメーカー。学校でも人気者のようす。一方、N君は表情も暗く、O君曰く、学校で友達と喋っているのを見たことがないらしい。

〝こいつ、俺が誘えば即入会。図書券ゲット間違いなし。〟

O君の思惑どおり（?）、N君は体験クラスに来て、そのまま入塾しました。

初日。緊張しているのか、受け答えも聞き取れない。黙ってうつむき加減のN君に何と声をかけようか、思案していました。するとO君が「こいつ友達ゼロ人やで～」と笑いながらN君を指さして、みんなに紹介（?）するのです。

「いじめはダメ」と叱ろうと、ハラハラしてN君の顔を見ました。ところが彼、ニコニコしていたのです。その反応を計算済みだったかのように、たたみかけるようにO君が続けていきます。N君は、うれしそうに「うるさい」と言い返しています。なぜかクラスは爆笑の渦。気がつけばN君は一瞬でクラスに溶け込んでいきました。

大阪出身ではない私にはどれだけ目を凝らしても見えない「大阪バージョンの境界線」。下手に真似すると越えてしまう、いじりといじめの絶妙な線でした。

N君がクラスに馴染んでくれて安堵するも、彼の学力には啞然としてしまいました。中二なのに英語がまったく読めない。theを読めるまでに二週間。こりゃあダメだ。ローマ字からやり直し。数学も計算がやっとで、中二レベルはまったくついていけません。こうなると、体育会系の私。これでもかと宿題を出し、延長授業を繰り返して、何とか学力アップをと必死になっていました。

N君もがんばって取り組んではくれるのですが、テストの結果は毎回ほぼ一〇点台、時々二〇点台をウロウロ。中学三年になっても上がらない点数に、だんだんやる気も下がってくるのがわかりました。しかし唯一の友達O君に会えるのがこの塾。相変わらず〝いじられキャラ〟に満足そうで、辞めないで通塾してくれていました。

そんなN君が夏期講習明けのテストで、何と英語も数学も平均点の五〇点を取ってきたのです！　N君はその結果を恥ずかしそうに、でもうれしそうに伝えてくれました。私はうれしくうれしくて、思わず大声を出してしまいました。

「やったあ！　先生うれしい！　がんばったもんな〜」

「うん、今回はがんばった。」

「ずっとがんばってたよ。」

「そうかな。」

「どんな気持ち？　うれしいやろ？」

「うん、すごくうれしい。」

ふうーと余韻に浸りながら言いました。

「お母さんも喜んでたんちゃう？」

「びっくりしてたな。」

「褒めてくれた？」

「そやな。」

「うれしかったやろ？」

「それはない。全然うれしくない。やめてほしい。」

「えっ？　なんで？　ケンカしてるの？」

「別に。」

「じゃあ、なんでうれしくないの？」

N君は私の目を見て、声を少し張って答えました。

「先生、俺は今、思春期やねん。」

「……」

「でも、反抗期ではない。」

「どういうこと？」

「反抗期ではないから、誘われれば外食も一緒に行く。会話もする。そやけど、いい点数取ってきたね、と言って気持ちを寄せてこられるのがウザい。思春期やから。」

「えっ？　そしたら先生は褒めたらあかんかった？」

「いや、先生は先生やから大丈夫。親が無理。」

思春期と反抗期を見分ける？　聞いたこともない真理に目が開かれた私は、この感動をO君にも伝えてみました。

「思春期と反抗期の違いがあるんだってね。」

するとO君、バカにしたような顔で一喝。

「あるわけないやん。やっぱアイツはアホやな。」

あれあれ？　再び混乱に陥った私は、こう結論づけました。思春期も反抗期も現れ方はいろいろ、個人差もあり、男女とも顕著に現れない子もいると。ただN君のアドバイスは、私の子育てで境界線を引くことの大きな助けになりました。その後の生徒たちの感情の起伏にも、前よりも落ち着いて対応できるようになったのも確かです。

お友達の子育て相談でも、この〝N持論〟をよくシェアします。解決にピッタリ当てはまらなくても、親が勝手に〝思い込み〟していた子どもの態度に、すぐに反応しなくなった、とか、間合いをとれるようになった、と聞きます。境界線が何となくでも見えてきた証拠です。

嫉妬深い神様

アメリカの大学で一年生の時、神学部四年生のスティーブが話しかけてきました。

「かな、さっきヘブル語の授業で君のことを学んだよ！」

私は困惑して、目を輝かせている彼に尋ねました。

「私のことって、どういうこと？」

「神様の性質を表す言葉に〝カナ〟って言葉があるんだ。」

「ほんとに?!　知らなかった。なんかうれしいなぁ。」

急に関心が湧いてきました。

「カナにはジェラシー（嫉妬）って意味があって……」

「え～、いやだあ。〝カナ イズ ジェラシー〟　私がジェラシーみたい。」

眉をひそめる私に、彼が真剣な顔で言いました。

「ノーノー、ガッ イズ ジェラス（God is gealous）はすっごくいい意味だよ。」

神様が嫉妬深いというのは、それだけ私たちに情熱的に、嫉妬するほど愛してくださっている、と彼は言うのです。私は目を大きく見開きました。

嫉妬するほど私を……。今まで聞いたことのない神様の一面です。一つのイメージができました。こんな感じです。

私と神様はとても親しい友人。私は時々ほかのことに夢中になって、知らない所に出かけてしまいます。物陰からチラチラ私を見ながら、心配そうに後からついて来られる神様。誰かに取られてしまわないか心配みたい。心なしか寂しそう。

ところがある時、私が突然振り返ります。

〝ねえ困ってるの。悲しいの。助けて〜〟

あっという間に走り寄って、私のそばに来てくれます。うなだれる私の顔をのぞき込んでくださる温かい眼差し。何も言わないけど、一緒にいてくださる。小さい頃から知っている優しい神様に「情熱的」な一面が加わった感じ。大発見でした。私のことをそこまで好きだなんて。私もスティーブのようにワクワクしてきたのを覚えています。

最近このことを思い出し、ヘブル語辞書を調べてみました。ありました！「神を説明するためにのみ使用され、『熱意』を意味する別の単語に関連しています」と書かれています。「嫉妬＝情熱的な愛」で間違いなさそうです。

この情報が私の人生にどのような影響を与えたのか、振り返ってみました。結婚して家族ができて、思いがけない出来事が突如やってきても、力強い安心感を与えてくれたような気がします。

最近、神様をもっと近くに感じるようになりました。それは私の思いの中の葛藤にもすぐに助けにきてくださるからです。大したことではない、と思えるささいな悩み事でも、です。

人間関係が上手くいかないと、以前は環境や他の誰かのせいにして生きてきました（自己弁護）。自分自身が問題の原因とは気づかずにいたこともあります。そんな時、「境界線」の概念を学び、自分の感情は自分が責任を持つべきであることを知りました。まず自分を見つめる習慣ができました。

〝傷つけたあの人が悪い〟で終われば、気持ちは一瞬楽になるような気がします。でも結局は怒りが自分を支配してしまうのです。〝思い出し怒り〟も然り。

わざわざ自分の感情を掘り起こすなんてしたくありません。自分の心の奥底を見ないといけないなんて。嫉妬、欲望、弱さ……。取り除けそうにありません。限界を感じます。でも取り組まないと関係は悪いまま。自己嫌悪に苛《さいな》まれて、どんどん苦しくなっていくことも。

そんな時です。私を待ち焦がれる神様を思い出します。振り返ると、神様はすぐ後ろにおられました。

未熟で弱いありのままの私を神様に見せます。少し勇気がいるけど、時にはドロドロとしたものを差し出します。すると、そこにある神様の優しさに触れられ、ぎゅっと握りしめていた拳がほぐれていきます。ふわっと心が軽くなるのです。一瞬で感じる時も、ゆっくり体験できることもあります。うれしくなって、私を傷つけた人のことを何とも思わなくなる時もありました。神様の愛は熱く、負の感情を消してしまうのです。私は、ただ振り返っただけです。

夫の本『夫婦となる旅路』の最終章「妻となる旅路」を書かせていただいた時、最後の四行は、心のまま自然に筆が進みました。葛藤の中にある方が少し立ち止まってみて、神様の情熱に気づけますように。

本書を読み進めると、隠されていた自分の一面が浮き彫りになり、つらい気持ちや沈んだ気持ちになるかもしれません。しかし、「ありのままの自分」を認めて一歩踏み出すとき、神様が本来造ってくださった「本当の自分」に出会えると信じています。境界線を学ぶことで、神様が働いてくださるスペースを作ることができるようになり、神様の恵みが私を追いかけてくることになるでしょう。

Chapter 2

祈りに依存

第一部では、心が軽くなる「気づき」について、エピソードを交えシェアさせていただきました。第二部は、心が軽くなる「練習」についてお伝えしたいと思っています。ありのままの自分を認め、新しい自分を発見して、「幸せ……」と口について出る、そんな毎日になればうれしいですよね。

そのためには、どんなふうに祈ったらよいのでしょうか。

大切な課題は、毎日心を込め、時間をかけて繰り返し祈る、それが当たり前だと思っていました。ところが……

コロナ・ウイルスの感染が拡大しはじめた二〇二〇年三月、第一回目の緊急事態宣言が発令され、学校もすべて休校になりました。私の塾も休みにせざるをえなくなり、仕事がほとんどなくなりました。四月になって、大手の塾はオンライン授業を対面授業の代わりに始めましたが、個人塾を細々と経営する私にはそんな設備もなく、生徒が戻ってこないのではないかと、焦りと不安の中にいました。

そのような中、牧師の夫が礼拝説教で「主の祈り」をシリーズで始めたのです。その第一回目。

「異邦人の繰り返す祈りを真似てはいけないとイエスは教えられました。神様を自分の願いを実現してくれる手段、すなわち『偶像』とみなすようになるからです。また繰り返すことによって不安をなくし、安心を得るための自己暗示に陥ってしまうからです。」

私はその頃、「生徒が辞めませんように、授業を再開したら戻ってきてくれますように」と、同じことを一日に何度祈っていたかわかりません。だって死活問題ですから。

「明日のことは明日が心配します」と聖書のことばを口に出しながら、春の日差しの中を散歩。少しホッとして帰宅するも、教材などの仕事道具を目にすると、現実を見せつけられます。慌てて祈ります。落ち着くまで繰り返し祈ります。

「大変な時は何度も祈るって普通じゃないの？」

祈りが神様を偶像のように扱ってしまう……。今まで聞いたことのないことばに衝撃を受け、考え込んでしまいました。

その時ふっと思い出したのは、子どもの頃。母は毎日とても忙しそう。長女の私より幼い弟たちに手がかかり、お願い事もきちんと覚えてくれていない気がしました。不安になって繰り返し言っていたと思います。それと比べて、いつも「何か欲しいものはない？」

と聞いてくる、孫に甘いお祖母《ばあ》ちゃんは、一回言うだけで大丈夫。お願いしたら、とても喜んでくれました。そっかあ、神様も一回祈っただけで大丈夫かもしれないなあ。

もう一つ、ハッとしたことがありました。

今まで問題が起きた時にまず頭に浮かんだのは、

「最近ちゃんと祈っていなかったからだ。」

「もっとしっかり祈っておけばよかった。」

といった反省のことばでした。しかし、これでは祈りが聞かれるのは自分次第、つまり祈っている私に依存している、と気づいたのです。

そこで実験してみることにしました。一回だけ祈ってみて、その後の私の感情を観察してみよう、不安になれば信じていない証拠、というもの。こんな感じです。

「塾の生徒が辞めませんように」一回だけ祈る。〈もう一回口にしたいのを我慢〉

次の日も一回だけ。〈でも我慢するのもよくないよね、と思えてくる〉

一週間に一回だけ祈ることにしてみる。〈不安はやって来る。それは信じ切っていない証拠、と言い聞かせてみる……言い聞かせってよくないよね？〉

〈私に注がれる神様の熱い眼差しを思い出してみる。一回で大丈夫だな。徐々に確信に

……いい感じ〉

そうです。祈りが軽く感じてきたのです。神様との関係が柔らかくなってきたと言うほうがわかりやすいかもしれません。祈っている時、神様との間に何となく感じていた緊張感がなくなってきたのです。繰り返し祈っている自分にいかに依存していたかに気づきました。

さらにもう一つ、明らかになったことがあります。

私は祈りが聞かれないと思えたとき、「みこころではなかった」とすぐに切り替えるクセがありました。一見すると信仰的な対応に思えますが、実はがっかりし、落ち込んだ自分に向き合うのが怖かったのです。「みこころではなかった」と言うことで、その祈りそのものをなかったことにしたかったのかもしれません。

神様は「がっかりした」「悲しかった」と、正直に言う私を待っていてくださいます。慰めたくて励ましたくて、そばにいてくださいます。

本当の気持ちを押し込めることに慣れてしまうと、本当の自分を見失い、不自然な私になるかもしれません。神様との間に張り詰めた空気を作ってしまう。

自分の祈りに依存しそうになる時、「一回の祈り」を試して、神様の優しさを感じることができたらいいなと思います。

「癒やし」に依存

「娘はホントに癒やし！　一緒に買い物行って、カフェで女子トーク。将来のこと考えると楽しみ……。」

うれしそうに言うA子に、私もうなずいて答えました。

「私は息子三人だけど、女の子だったらそうだろうなぁ。」

あちこちから耳に入ってくる「子どもは癒やし」ということば。自分の子どもにそう思うのは普通のこと。違和感はありませんでした。

でもその時、ふと考えたのです。そんなに期待して大丈夫なのかな？　息子・娘が反抗期になったらどうするの？

もしかして「癒やし」に依存していない？

そんなことを考えていると、聖書に出てくる母マリアとイエスの関係が思い浮かびました。冷静に考えると、この親子関係はすごいですよね。だってあのイエス様が息子ですよ。私だったら息子が「癒やし」の塊になるのは間違いない、自己肯定感がどこまでも上がっていきそうです。マリアも少しはそうだったかも、と思ったりもします。

ガリラヤでの婚礼の席でぶどう酒を切らしてしまう出来事。マリアは、普段の調子で頼りになる息子に助けを求めたように見えます。ところが、こう言い返されました。

「女の方、あなたはわたしと何の関係がありますか。わたしの時はまだ来ていません。」(ヨハネ2・4)

イエス様のことばは拒絶にしか聞こえません。私だったらショックで落ち込んで、隠れて泣いていたかも。自己肯定感はあっという間に崩れてしまうでしょう。マリアもこの時は心穏やかでなかった、けれどもお祝いの席なので平静を装っていた、と勝手に想像してみました。すぐに気持ちの整理ができたとは考えにくいからです。

でもイエス様はご自身が働きの領域(境界線)を示されただけでした。マリアも自分の「すべきこと」がはっきりしてきて、そのことばの意味することを、少しずつ理解していったようにもうかがえます。今まで息子イエスに依存していたと気づくきっかけになったのかもしれません。

自分の息子としてだけではなく、すべての人の救い主、神の子として大きな使命に生きていくイエスを見守っていく。そう心で決めることができたのではないでしょうか。

A子のことばを聞いていて、娘の立場ならどう思うかな、と気になりはじめました。娘からすると、そんなに期待されると「母が重い」と感じてしまうかも……。

母思いの娘だったらどうでしょう。「癒やしの娘」であり続けることが使命になって、母の機嫌を損なわないように絶えず気遣ってしまう光景が見えてくるようです。

私が親子関係の「依存」に注目するのには、父のことばの影響があるようです。最近それを思い返し感謝しているので、シェアします。

私が結婚する時、父が母と祖母にこう言いました。

「かなは信行さん（夫）の妻になる。これからは私たちの娘、孫ではなくなります。だから、今までのように勝手に、かなに物をプレゼントしたり買ってあげたりしてはいけない。必ず信行さんの許可を得てからするように。」

母は一人っ子だったので、祖母からとても守られて育ちました。娘は私だけなので、母と祖母の三人でよく買い物に行きました。精神的なつながりは強かったと思います。父はそんな三人のようすを見ていたので、親を離れ、妻となる自覚をもつように、また夫の自尊心を傷つけないように、配慮してくれたのだと推測します。

私は「もう娘ではない」と宣言されたと感じ、とても寂しくなりました。祖母も母も同じでしょう。しかし、父に言われたことで、結婚後は一人の大人として祖母や母とつき合えるようになったのは確かです。心配なことがあっても自分の責任領域が見えたからです。

家族が近い関係になることで「私たちは大丈夫だ」と安心するのは、文化的な影響もあるようです。親子の距離が近いことは、素晴らしい面もありますが、適切な間を保つ妨げになってしまうかもしれません。親が自身の親子関係の痛みを和らげるために、子どもを癒やしにしてしまっている場合もあるでしょう。

父が示してくれた親子の境界線は、私の人生の宝物。次の世代にも渡していけるようにしたいです。


しばらく考え込んでいたA子が顔を上げました。

「そんなふうに考えたことなかった。かなり依存しているかも。なぜそうなったか心当たりがある。」

少し整理できたのかな。その顔を見てほっとしました。「あんなふうになりたくない」と思えば思うほど、それにとらわれてしまっていたのかもしれません。そこから解放されてほしいと願います。

「言ってくれてありがとう。」A子がもう一度言いました。

私も自戒を込めて、日々セルフチェックをしています。親子関係に限らず、私の癒やしになっているものはないか、なぜそうなっているのか、それに依存していないか、を。

私に与えられている使命を再確認していきたいです。

褒めて育てるのは間違い？〜振り子にならないために

「今年は厳しくしつけをしていきます！」

四月、声を張り上げて園長が告げました。

「えっ！　どういうこと？　去年と真逆なんだけど……。」

去年からいる保護者は戸惑いを隠せない。去年の春、園長はこう熱く語っていたらしい。

「褒めて育てましょう〜。子どもは褒められて成長します。良い子になります。叱ってばかりいると自信をなくすからです。」

「ウチの子が手を出したら、きつく叱ってください。」

と、保護者がお願いすると、園長はこう答える。

「たたいてしまったのには何か理由があるのでしょう。話を聞いて気持ちをくみ取ってあげたいと思います。お子さんは良い子です。良いところがいっぱいあるのですから。」

しばらくすると、園児たちのケンカに収まりがつかなくなって、現場は混乱するばかり。

それならと園長は考えを改めた、というのです。

この園長とは対照的だったのが、息子が年長の時の担任B先生。

「B先生って軍隊の隊長みたいなんだって！」

その噂は本当でした。「廊下に整列！」　号令がかかると、子どもたちは一斉に駆け足。一糸乱れぬ列ができ上がる。まさに軍隊。

うちの息子は近所でも有名なわんぱく坊主。「呼び出し」の連絡にビクビクしていましたが、まったくありません。息子は「楽しかった」と笑顔で帰宅します。

疑問を抱いたまま、三者懇談を迎えました。指定の時間にクラスルームに行ったのですが息子がいません。先生が園庭を指差して言いました。

「カラス、追いかけてはりますよ。」

まさか！　私は恥ずかしくて、急いで椅子に腰掛けて縮こまっていました。

しかし先生は「早く来なさい」とは言わず、園庭の実を取ろうとするカラスを追いかけ回す息子の様子を穏やかに眺めています。

しばらくすると、肩で息をしながら息子が教室に入ってきました。右手に長い棒切れを握りしめています。危ない！　私は小さく叫びました。

「どうやった？」　先生が尋ねる。

「くそ〜。あかんかったわ。」がっくりと肩を落とす息子。

「あ〜あ、焼き鳥楽しみにしていたのに……。」先生の残念そうな顔。

えっ！　先生、怒らないのですか？　私は目を大きく見開きます。どうやったらうまくいくか、先生と息子、二人の作戦会議が始まりました。三者懇談なのに親の私抜きで（これ、懇談？）終わってしまいました。

この不思議な懇談、後になって想像しました。こんな経緯があったかもしれないと。息子はカラスを捕まえたいと懇願した。でも保育時間にそんな長い棒を持って走り回るのは危険。先生は考えた。三者懇談の時なら園庭には子どもはいない。「その日まで待つように」と彼に告げていたのではないか、と。そして「よく今日まで待てましたね」と、我慢できたことを褒めたのではないか、と。

Ｂ先生は息子がやりたいと思ったことを大切にしてくださいました。でも危険性も伝えてくれました。ここまで、という境界線を示してくれました。保育中、先生は園児にいろんな制限を課していたでしょう。噂どおり、叱る時は怖かったに違いありません。でも境界線が見えると、子どもたちはその中でリラックスして、自分らしさを出して過ごせたのだと思います。安心感の中で我慢することもできたのでしょう。その日まで楽しみにして待つ、忍耐力も育まれたような気がします。

自分の霊を制することができない人は、
城壁のない、打ち破られた町。（箴言25・28）

B先生は子どもたちに、自分の心をコントロールできる城壁を築いてくれたようでした。厳しく育てられた子が親になると、自分の子どもは褒めて育てたいと強く願う。ところが子どもがわがままになっていると感じた途端、自分の親のしつけのように厳しくなる。振り子にならないためにはどうしたらよいのか、子育ての中で何度も迷うことがありました。

そんな時、この出来事を幾度となく思い出しました。何を我慢させて何を褒めるか、ヒントを与えてくれました。そのバランスの取り方、境界線の引き方のヒント……。焼き鳥になり損ねたカラスの思い出とともに（笑）。

褒めて育てるか、厳しくしつけるか。それは、ありのまま愛されている恵み、と律法的であることのバランスをどうつけるのか、という二者択一的なものではないと思います。子どもの心をよく見ながら、柔軟に向き合うことが大事だと教えられました。

「励まし」という拒絶

私が二十歳の時。教会のユースで仲良くしている友達A子が口を開きました。

「私、元気に装っているだけで偽善者。もう苦しい。」

今まで一度も見せたことのない暗い表情に、私はうろたえました。理由を聞いても「苦しい」を繰り返すだけ。困った私は、こう言いました。

「祈ってみたら？　聖書をもっと読んでみたら？」

すると彼女は、急に顔を上げてこう叫んだのです。

「祈れないからしんどい。聖書を読めないから、苦しいのに。」

涙をいっぱい溜めた彼女の目が、

〈なんでわかってくれないの!?〉

そう私に訴えていました。そのまま連絡が取れなくなりました。

A子を傷つけてしまった……。後悔と友達を失った悲しさで、私はしばらく立ち直れませんでした。

「どうしてあげたらよかったのだろう……。」

痛みと共に、自分への問いかけがずっと続きました。
次第にわかってきたことがあります。「祈ったら」と言ったことで、
〈今のままではダメよ。祈って元気にならないと〉
というメッセージを送っていました。弱い自分を受け入れられずに苦しんでいるA子を、
私は受け止めてあげられなかったのです。かけたことばは優しかったかもしれませんが、
〈弱さを克服して乗り越えないと……〉
苦しんでいる彼女に対して心ではそう思っています。彼女の弱さを拒絶していました。
励ましの言葉が弱さの否定になっていたことに気づいていませんでした。
励まし合うのはよいことなのかもしれません。しかし、それよりも弱さを互いに受け入れることが最初ではないでしょうか。（『弱さのちから』若松英輔、亜紀書房、六九頁）
なぜ、あんなふうに言ってしまったのだろう？
実は私も、自分の弱さに否定的になっている。弱さを受け入れていない。それがあんなふうにA子に言ってしまった要因だったと思います。
わたしの恵みはあなたに十分である。わたしの力は弱さのうちに完全に現れるからである。（Ⅱコリント12・9）

小さい頃から何度も聞いてきた聖書のことばです。

でも、心からそう思っているだろうか？

弱さを感じた時、自分の不甲斐なさに落ち込んだ時、自分を慰めることばにしていただけではないか。気持ちをポジティブにするために告白していたのではないか。

その裏では、「こんなんじゃダメだ」と弱さを否定している私がいたような気がします。安易な自分への「励まし」は、弱い私から目を背けていただけでした。

頭ではこのみことばに同意している、でも心の中では否定している。自分の弱さを否定しているので、A子の弱さを受け止めることも、その大切さもわかっていなかったのでした。

A子が教会から去った後、「私は愛をもって励ましたのだから」と、自分を慰めていた時期があります。でも私の気持ちや励ました意図は、彼女には関係ありませんでした。彼女は拒絶され、教会での居場所を失ってしまった。それが、紛れもない事実なのです。

私たちは自分から見て「弱い人」、「貧しい人」を助けたいと思う。これは素晴らしいことです。しかし「助ける」という視座から見たとき、私たちは自分が何か「高い」場所にいることを忘れがちだというのです。（若松英輔、前掲書、八一頁）

高みから見ていないか、その人の高さまで低くなれているだろうか、確認していきたい。

もう一度謙虚になって、学ぶことがあるのではないか、考えていきたいのです。

「あなたならできるよ」という励ましは、褒めることばのように聞こえても、

〈あなたはそんな程度ではないでしょう?〉

と、見えない声を発しているのではないか?

相手の立場に身を置いて、励ましになっているか、否定になっていないか、考え抜いていくことはとても大切だと感じます。寄り添い、共感するためにも、自分の心に正直になっていきたい。勇気をもって自分の弱さをしっかり見つめていきたい。そして、それを受容できているのか、日々チェックしていきたい、と願います。

弱さが私を支えてくれる力だとわかった時、新しい私を発見できるでしょう。神様が創ってくださった私に出会えるでしょう。

自分の弱さが私を支えてくれる力になるにはどうしたらよいのでしょうか。弱さと強さについて、続けて考えてみたいと思います。

弱さに底を作る

子育てで葛藤し、落ち込んでいた頃、こう励まされました。

「神様はありのままのあなたを受け入れてくださっている。だから自分の弱さを受け入れていこう。」

そのことばにほっとしても、ほどなくつらさがまたやってきます。状況は変わらないからです。また、自分を励まします。

「ありのままでいい……。」

心が軽くなったはず、なのに、沈んだ自分がそこにいるのがわかりました。ゆだねきれていないのかな？　まだ自分の力を過信している？　私の中で何かが渦巻いています。

「ありのままでいい」、そのことばに何か抵抗を感じている自分がいました。

私はただ良い母親になりたいだけ。しっかり子育てしたいのです。この願いは律法的でもないし、神様にも喜ばれるはず。それなのに「ありのままの自分」として受け入れられないのは、がんばっている部分の自分が否定された気持ちになったのです。

パウロのことばが心に留まりました。

「私は弱さを誇ろう。」

弱さを受け入れよう、ではありません。「誇る」、このことばから力強さを感じました。でも、どうしたらそんなにポジティブになれるのだろう？

パウロにはトゲが与えられた、と聖書に書いています。パウロはそのトゲをどうしても取り除きたくて、何度も神様に必死に願ったのです。

この頃、私は子育てのことで悩みはじめると、身体に重みを感じて、どんどん沈み込んでいくのを止めることができませんでした。そして、ささいなことでも落ち込む弱い自分を見て、情けなくてしかたなかったのです。

「ありのまま……」のことばにホッとする、元気をもらえてがんばる、でもまた落ち込む、また慰められて……の繰り返し。これでは単に上下運動を繰り返しているだけ。「誇る」方向には進めそうにありません。

ありのままでいい、と言ったはずなのに、元気になった途端、自分の弱さを克服するためにがんばってしまうのはどうして？　さらに本心を探ってみました。

実は、心の底では、ありのままでいい、なんてまったく思っていなかったのです。今の私は本来のあるべき姿ではない、目指すべきクリスチャンの理想の姿ではない、変わらないと、もっと成長しないと……。心の深いところでは、ありのままの自分にダメ出しをしていました。一つひとつの弱さを克服して強くなることが大事であると考えていました。

ある日、落ち込みを繰り返す自分に問いかけました。いつまでこれを繰り返すつもり？　礼拝中も心の底から喜びが湧いてこないなんて、どこかおかしい。

その後、ある学び会で、自分の弱さを誇るとは、神様を信頼して、最終的な結果はゆだねることだと教えられました。

神様はパウロに答えておられます。

「私の強さをあなたの弱さのうちに完全に現す。」

トゲは取り除くべきものではなく、神様の偉大な力が現されるためのもの。結果をゆだねきれていない自分に気づいたのです。パウロのように、私も神様を信頼していきたいと思いました。

最終的な結果を神様にゆだねたら、子どもを親の思いどおりにコントロールしようとしたり、祈りで神様を動かそうとしたりしなくなります。

神様をコントロールしようとするのをやめたら、神様との間に張り詰めた空気がなくなっていきました。現状はそのまま、相変わらず落ち込むことがあります。しかし、弱さが、落ち込みすぎないようにストップする手綱になりました。

すると、小さな出来事に喜びを感じられるようになりました。

この変化がうれしくて、自分の苦しんでいた気持ちを友達に話したところ、彼女の口から思いがけないことばが……

「そんなことを正直に話してくれるなんて、どれだけ私、安心して教会に行けるか……。」

あっ、私は牧師の妻でした。そっかぁ、必死でもがいてがんばっている時は、どこかピリピリした空気を出していたのかもしれないなあ。

彼女が続けます。「同じ失敗を何年も繰り返して成長できていない自分にがっかりしている」と。私だけじゃないのよね。

私は、彼女の言葉にうなずくと、こう言いました。「大丈夫。」

一緒に弱さを誇っていこう。実際の問題は、変わらず目の前にやってくる。でも強さと弱さの力を見分けられたら、とても楽。お互い励まし合って、チェックしていこう。開かれていく未来にワクワクしていこうね。

願いはいったんボックスに（上）～Death of vision

私は高校生の時にアメリカのゴスペル音楽をビデオで観て衝撃を受け、「これを日本に輸入したい！」と大きな夢を抱きました。高校卒業後、渡米し、大学でたくさんのことを学びました。進んでいる教会音楽（ミュージカルやオーケストラ）に興奮し、実際の現場でいろんなことにチャレンジしました。その夢を実現するため、帰国後の五か年計画も立てていました。

大学四年生の時です。大きなユースカンファレンスがありました。全体集会で「Death of vision」（ビジョンはいったん死ぬ）という興味深いテーマで、モーセの人生を時系列に描きながら、ビジョンが実現するまでの過程を説明されました。

モーセの願いは同胞のヘブル人を救うことだった。そのために王宮で世界最高レベルの勉強に専念した。しかし自分の行動の失敗でエジプトから逃げ出し、砂漠を放浪、死を覚悟した。その後の四十年間は羊飼いの生活。ビジョンが死んでしまった。しかし突然神から呼び出され、幾多の困難を乗り越えて、エジプトの奴隷となっていたヘブル人を救い出した。

「ビジョンはまず死を迎えます。」講師のことばが私の頭の中で繰り返し響いていました。「私の音楽のビジョンもいったん死を体験する。」そうなのか……。

しかし、それはすぐに起こりました。結婚です。

女性は「愛」と「性」と「結婚」の三位一体説を心の底から信じ、多くは夫の仕事を優先させ、その上に自分の人生をゆだねていく……（『家族収容所』信田さよ子、講談社、一六頁、傍点筆者）

やはり自分の人生に対して受け身になってしまっていました。「五か年計画」とはほど遠い環境。家族を支えるために外で働き、家では子育てと家事に追われる日々。なるほど、これが「Death of vision」。納得できたのは、あの学びのおかげでした。

私は人生に対して受け身になることに、自分なりに抵抗することにしました。イメージはこんな感じです。さまざまな願いをいったんボックスに入れることにしたのです。クワイヤー、バンドを作りたい。曲のアレンジをしたい。ふと思った何気ないこともボックスに入れました。夫婦で本を書いてみたらと言われた。中学生たちに何かしたいなあ。デザインを勉強したい……。棚にはラベルのついた箱がたくさん並ぶようになりました。

夢をかなえている友人を見て、少し焦る気持ちになっても、夢を捨てたわけではない、モーセのようにいつか燃える柴が私の前に現れるのだろう、どこか楽観的に過ごせたように思います。
二人目が生まれた三十歳の時でした。五十代のある方からこう言われたのです。

「今、人生でいちばん忙しいよね。自分のしたいこと、何もできないよね。でも私みたいに時間ができた時には体力がないのよ。やりたいこと、いっぱいあるのに……。だから、やりたいことがあったら、今チャレンジして。体力ある時にね。」

これはショックでした。将来時間ができたらやろう、と考えていたのに。できなくなる可能性もある？　今行動しないと、と駆り立てられました。でも現実はやはり厳しいのです。お金も時間もないのでした。その時、みことばが目に留まりました。

最も小さなことに忠実な人は、大きなことにも忠実であり……（ルカ16・10）

目の前に置かれているものは、神様がこの時に（この時期にしかできないこととして）与えてくださったものかもしれない。たとえ小さなことでも見逃さないで。描いていたものと違うかもしれないけれど、置かれた場所で一生懸命やってみよう。

夜中にもうろうとしながらオムツを替えている時や、息子たちの泥だらけの洗濯物に多くの時間を奪われていると思える時、そこには小さな、でも大事な使命が存在していました。

手伝って、と頼まれた何げないことでも丁寧に応答することで、新しいものが生まれてきたこともありました。

また、「願い」といっても、自己中心なものか、神様が与えてくださったものか、見分けがつかないこともありました。そこで、「ゆだねて」ボックスに入れる。与えられた目の前の仕事には最善を尽くして励むようにしました。

そして今、人生の秋。神様のタイミングでボックスのふたが開いてきています。すでにたくさん開いて、願いやビジョンが成就してきました。まだ開いていない箱のラベルを見てワクワクしています。そこに多くの助けが与えられたことにも感謝でいっぱいです。

夢がかなわないのではないだろうか、と不安になる。そうなる前にぜひおすすめしたい、ボックスの話でした。

願いはいったんボックスに（下）

～人生の夏を引き延ばしすぎない

「人生の夏をいつ終わらせるか、実り多い秋を楽しめるかはそれによって決まる。夏を引き伸ばしてしまうとあっという間に冬を迎えてしまう。」

『人生の四季』（ポール・トゥルニエ、ヨルダン社）を読んだ時のメモです。ぶどうがたわわに実っているのに、刈り取りをためらっていると腐ってしまいます。秋を楽しまないで人生の冬を迎えるなんて寂しすぎる。秋を楽しみたい。

どうして夏を引き延ばしてしまうのでしょうか。

私の夏。妻として母としての役割を担うことに一生懸命でした。早朝の息子たちの弁当作りから始まり、夜遅くまでの塾の授業。まさに人生の夏を駆け抜けたように感じます。

そして迎えた中年期。しかし夏のペースを落とさないで「私はまだまだやれる」とがんばってしまう。「こんな人生ではないはず」と、現状を受け入れられず、心が駆り立てられていることが原因だと思います。

実りの秋は、人生のハイライトです。収穫を喜び、分かち合う良い季節です。

しかし秋を楽しめない事態が起こることがあります。自分の時間は確保できた、しかし更年期に伴う体の変化と体力の衰えに戸惑いが生じます。

私の周りには親の介護が始まった友人たちもいます。「自分の時間が少なくなった」と、つぶやいていました。

これは、女性だけの問題ではなさそうです。「人生このままで終わりたくない」と、夏を引っ張ろうとする。希望と異なる配属先になり、悔しさから自分にムチを打って働く夫。心配して横で寝息をうかがう妻。そこに夏が終わるという発想はないのでしょう。

どうしたら秋の訪れを受け止め、楽しめるのでしょうか？

若い頃の願いをいったんボックスに入れておくと、人生の秋にボックスのフタが開くことがあります。そのことを、モーセの人生になぞらえて考えました。

自分の器作りは終わった、これからはボックスの中身が出てくるのを楽しんでいこう、そう視点を変えることから秋が始まるのかもしれません。

フタが開いて何が出てくるのでしょうか？

それは賜物だと思います。私たちが母の胎にいる時に神様が与えてくださったギフトです。

先日、賜物を見つける方法を教えてもらいました。まず自分の小さな頃を思い出してみます。時間を忘れて夢中になったことは？　勧められてもいないのに誰かのために行動したことはないだろうか？　自分を惜しまずに与えて喜ばれたことはないだろうか？　身体が自然と動く、熱中する、それは神様が私たちを創造された時に与えてくださった賜物のゆえだと教えられました。秋に自分らしい実を結ぶためのギフトです。

小学生の頃の記憶をたどってみた時、ふっと浮かんできたことがありました。「税に関する作文」で優秀賞をもらったこと。もう一つは、小学校の先生に「君は本当に本が好きだね。図書館の本を全部読んでしまうのではないかと、噂になっていたのだよ」と褒められてうれしかったことでした。もっと印象に残ることがあったはずなのに、この二つが思い出されたのは偶然ではなさそうです。

数年前、ある方の紹介で某出版社の編集室を訪れた時のことです。初めてその空間に入った瞬間、今まで経験したことのない興奮を覚えました。「若草物語」の主人公ジョーがニューヨークの編集長に自分の作品を採用してほしいと訴えている場面が目に浮かんだからです。ここで働きたい、とさえ思いました。

数か月後、この本の元となった「百万人の福音」の連載の機会を与えていただきました。人生で起こった出来事の点と点が線になっていくのが見えた瞬間でした。

人生の秋、それは何かを手放し、選択する時期でもあるでしょう。「これが私」と思い込んできた自分が、神様の創ってくださった本当の私ではないかもしれません。神様のご計画が目の前に示されても、私はふさわしくない、と拒んでしまうかもしれません。「私は人前で話せません」と言ったモーセのように。

そのためには、過去の栄光に（失敗に）囚われないで、前を向いていく。何が箱から現れてくるのか、思い巡らす静かな時間が必要になってくると感じます。

「わたしを呼べ。わたしはあなたに答え、あなたの知らない隠された大いなることを告げ知らせる。」（エレミヤ33・3、新共同訳）

主に呼び求めます。神が隠された大いなることと出合わせてくださいますように。喜びと感動、感謝があふれる季節になりますように。

成熟モードに切り替え

少し前のことです。人の助けになりたいと思ってカウンセリングの学びを始めたのですが、自分のことを知る良い機会になりました。一緒に学んだ中の一人の人の言葉が印象的でした。

「私はメンタルが弱いんです。今まで生きづらかった。苦しかった。でもこの一年、心について勉強して、自分のことがわかったと思う。そして私はこのままでいいんだ、そう思えるようになって、心が軽くなった。今は楽しいし、勉強して本当によかった。」

私を含め、他のみんなも一瞬泣きそうになりました。みんなそれぞれ共感できることがあったからだと思います。

自分に失望するのはどんな時でしょうか？
思い描いていた理想の自分になれていない、成長が止まったと感じる時かもしれません。こんなはずではないと、理想の姿を追い求め、新たなことに挑戦をする。理想の自分になれるなら、どんな犠牲もいとわないで努力する。

ある学び会の時に夫がこう言いました。

「成長はいつかは止まる。」

成長を意識して日々励めば、生涯を通して成長するものだと思っていたので、ショックでした。成長が止まるとは、どういうことでしょうか？

幼児から青年期は、未熟なので失敗を繰り返します。困難な状況に直面しても、乗り越えようと努力します。困難を克服するたびに自信がつき、知らないうちに成長します。経験を積むと、知恵を得て、次にやってくる課題にも勇気を持って立ち向かうことができるようになります。人生は右往左往しながらも、それなりに順調に進んでいきます。

しかし、生きていく中で「変えられないもの」「克服できないこと」にも直面します。挫折を経験します。

ある有名な女性スポーツ選手の言葉を忘れることができません。

「今まで努力したら何とかなってきた。夢を叶えてきたし、栄光を手に入れることができた。でも、子どもができないことだけは、どうすることもできなかった。」

初めて自分の力ではどうしても克服できないことを経験し、とても絶望したそうです。

その後、彼女が離婚したことも知りました。

私はスポーツが得意です。努力したら何事も実現可能だ、という自信があったと思います。しかし、子育てはそのようにはいきませんでした。母親の目の届かないところで子どもたちがケンカをするのを防ぐことはできません。

「あそこの子はしつけができてないから、一緒に遊ばないほうがいいわよ。」

そんなふうに言われていることを人伝えに聞いた時は、とても落ち込みました。ショックでした。近所の目が気になって公園に行きづらくなりました。学校のクラス懇談に行く足は次第に重くなっていきました。

変わらないといけない、成長しないといけない、ずっと強迫観念のように考えている。焦って育児書を読み、セミナーや学びに参加する。教わったことを実行しようと努力する。でも周りから「親として成長したね」と言われることはない。

そんなジレンマと、どう折り合いをつけていったらいいのでしょうか？　少し「成長」から目を離してみるといいのでは。

成長モードを成熟モードに切り替えると言い換えることができると思います。

成長できると信じている「人生の夏」をいつまでも引きずっていると、「人生の秋」を迎えることができません。「人生の夏」を生きることに一息つけて、人生の秋をどう楽しもうかと思いを馳せてみませんか？

ある意味、成長は自然に起こります。しかし、成熟は意図しないと起こらないのです。まず、「変えられないもの」「克服できないもの」を受け入れることから始めます。それが成熟の一歩になります。

私は人に好かれたい、嫌われたくないと反応する傾向があります。パニックにならなくなったので、今では少し成熟したと思います。

まったく反応せず人間関係を築ける人になりたいと願いますが、小さな反応は相変わらず起こります。以前は人のせいにすることで自分を守ってきました。自己弁護も多かったです。

今は「それでもオッケーだよ」と自分に優しく話しかけます。「変われない自分」を受け入れます。ありのままの自分をいったん受け入れると、強く反応することはなくなりました。その代わり「私らしさ」が少しずつ出てきたのです。それはとてもリラックスしている私でした。

信仰者として成長することをいつまでも追い求めていると、疲れてしまうかもしれません。変わらない姿に失望をしてしまうかも。

「否定的な私」ではダメだ、そう思って「クリスチャンらしさ」で装ってしまうと、どうなるでしょう。信仰を持っていても変わらない姿に気づくとがっかりします。人生がむなしくなり、生きづらくなるかもしれません。

否定的なタイプの人にも「良さ」があります。問題意識を持つことで、解決へ導いてくれるかもしれないからです。賜物が生かされます。そうなると、周りの祝福になります。「否定的な私」も私。無理に変えようとはせず、受け入れられると、気が楽になります。

器作りに一生懸命だった夏から、器の中身に何を入れていくのか、何があふれていくのかを楽しむ人生の秋。そのためには、成長から成熟のモードに切り替えて、人生の秋が深まっていくことを感じていきたいです。

期待の棚卸し～期待との距離の取り方

心の余白がなくなるのは、どんな時でしょうか？　忙しくなると余裕がなくなってきますよね。イライラしてストレス（緊張）を感じます。また「過剰な期待」を負ってしまうと、余白がなくなっていきます。

先日、夫婦で講演の機会がありました。過剰な期待を整理する「期待の棚卸し」について夫が話をし、私も個人的な経験をシェアしました。

　この世と調子を合わせてはいけません。（ローマ12・2）

この世の期待（圧）に応えようとしていないか、気をつけていくことは大切です。それに応えようとすると、本当の自分を偽り、心が消耗し、疲れ果ててしまいます。

しかし、期待の棚卸しをすると、負わなくてもよい「過剰な期待」を下ろせるようになります。期待に対して境界線を引くことができるようになるからです。自分らしさが息を吹き返します。今、私に与えられた神様の期待に応えていくことができます。

私も「過剰な期待」を負っていないか、棚卸しをしてみました。

1　外からの期待

牧師家庭の子育て。教会内で、「子育ての見本になってほしい」という声を背負いこんでいた、いえ、勝手に「過剰な期待」という重荷にしてしまっていたのでしょう。思春期に入った子どもは、私の理想とほど遠くなることも。教会に来ないと、深いため息をついていました。

転機はある礼拝の時に訪れました。神様に会いにきているのに落ち込むなんておかしい、と気づいたのです。私は一つのことを決めました。礼拝に来た時は神様との時間を喜ぶ、と。現実に心を奪われ、感情に流されるのではなく、礼拝は楽しむこと、神様との時間を選び取ることにしたのです。私の葛藤を教会の友人に話しました。友人は「それを聞いて、ほっとする」と言ってくれたのです。私の心も軽くなりました。

2　自分からの期待

私は人見知りではありません。社交的なほうです。しかし、みんなを喜ばせなければいけないというプレッシャー（自分で勝手に作った期待）から、人との関係に緊張が生まれて心から楽しめていない自分がいました。

仕事においては、保護者の要望にきちんと応えたいと、どこまでもがんばります。一つでもミスを犯してしまうと、パニックになってしまいました。そこまで完璧でなくてもよい、間違ったら謝って赦してもらえばいい。自分に優しくしていくことにしました。

3　みことばからの期待

みことばを宣べ伝えなさい。時が良くても悪くても（Ⅱテモテ4・2）

独身の時は、このみことばに応えることはそんなに難しくありませんでした。ところが、結婚した途端、できなくなったのです。結婚して大阪に来ると、会話のスピードやノリについていけず、友達づくりに苦労しました。親しい友達がいなくて、何が語れるのだろう、と葛藤します。みことばを実践していないことに責めを感じました。

そんな時、夫のことばで見方が変わります。彼の教会のビジョンは、「教会が地域のコミュニティーになる」でした。親子英語、ゴスペル教室を始めました。ホッとしてもらえる場所、安全地帯となる居場所作りは、一人ひとりをありのまま受け入れることから始まります。このみことばからの期待にいったん「NO」を言って、イエス様のように愛していく、理解していくことに目を向けていこう。雰囲気作り、これならできました。そして楽しめました。私らしい神様の伝え方、私の存在を通して神様の愛を示していけるとわかったのです。結果的にこのみことばが軽くなり、私なりに実践していけたのです。

4　神様からの期待

十八歳の時、音楽で神様を伝えていく、というビジョンが与えられました。そのためにアメリカで一生懸命勉強しました。神様から与えられた生涯の仕事がうれしくて燃えていました。しかし、結婚し、教会を移ったことで、せっかく学んできた知識や経験を生かすことができなくなったのです。

幸いその時、いろんな願いや計画を「思いのボックス」に入れて、神様からの期待をボックスに預ける、ゆだねることができたのです。「人生の秋」を楽しみに待つことにしたのです。今はボックスのふたが開くのをゆっくり眺めている感覚です。そこには焦りがないので、リラックスして今の季節を楽しめています。

「わたしのくびきは負いやすく、わたしの荷は軽いからです。」（マタイ11・30）

過剰な期待に小さな「NO」が言えているか、「イエスのくびき」だけを負って軽さを感じられているか、静まりながら考えてみます。神様の期待（働き）に招かれていることを忘れないようにしたいと思います。

心理的安全～折にかなった助けをいただくために

「心理的安全」ということばを聞いたことがありますか？

「心理的に安全」とは、関連のある考えや感情について人々が気兼ねなく発言できる雰囲気をさす。（『チームが機能するとはどういうことか』エイミー・C・エドモンドソン、英治出版、一五三頁）

組織で使われることばですが、家庭にも必要だと思いました。

私が教えている塾の中学生はよく、「どうせ親に言っても、わかってもらえない」と言います。「こんなん言ったら、絶対親は怒るし……」と対話を諦《あきら》めています。そんな彼らも塾に来た時は、何を話しても大丈夫、という安心感があるのでしょう。親への不満を私にぶつけてきます。

保護者からも「何を考えているかわからない」「やる気が見られない」と不安やいら立ちの気持ちを聞かされます。

思春期に入ると、子どもたちの葛藤が増えます。自己嫌悪に陥ったり、友人関係で悩みはじめたりします。もし家庭に「心理的安全」があり、何でも話せる雰囲気があればどうでしょう。弱音を吐いても大丈夫と、安心感があれば、彼らは心を開いて話してくれるでしょう。親としても相談相手になってあげられる大きなチャンスです。親子の絆が深まる時になるでしょう。

夫婦の関係でも「心理的安全」は大切だと感じます。

以前、私たち夫婦には「心理的安全」がありませんでした。私は夫と違う意見を言うのを恐れていました。「どうせ論理的にねじ伏せられるし……」と思い、言うのを諦めていました。逆に私にとって大切なことを言ってくれている時でも、指摘されていると感じて、心を閉ざしてしまっていました。そのような私の態度を見て、夫のほうも安心して自分の弱さを出すことができなかったのだと思います。

しかし夫は、「境界線」の概念を学びはじめたことで、私の意見を最後まで聞いてくれるようになりました。途中で話をさえぎったりしなくなりました。

私は「自分のほうが正しい」と強く思う癖があります。そのため、自分の意見をうまく伝えられない時は、すぐ黙り込んでしまいました。気持ちの切り替えにも時間がかかりました。不満をことばではなく態度で表していたのです。でも、安全な雰囲気が生まれた時、自分の思いや考えを伝える練習ができたのです。拒絶される恐れがなくなったので、私も自分の弱さを隠さなくなりました。責められるかもしれないという不安がなくなったのです。

神様との関係においてはどうでしょうか。

聖書の中で、目の不自由なバルティマイがイエスに向かって叫んでいる箇所があります。周りの人たちは彼を黙らせようとしました。彼には自分の正直な気持ちを表現する場所はありませんでした。

イエスは彼に近づいて、「何をしてほしいのですか」と尋ねました。その時の光景を想像してみましょう。「お金を恵んでもらえるだけで感謝しないといけない」と思っていたバルティマイ。周りの人からも、そう言われていたかもしれません。その彼が心の奥底で本当に願っていたことをことばにすることができたのです。

「目が見えるようにしてください」

と、自分の言葉で伝えることができました。「イエス様には正直な気持ちを言ってもいいのだ」と思えたからでしょう。

私たちと神様との関係においても、同じことが言えると思います。

「神様には何を言っても大丈夫。」

安心感をいつも感じているでしょうか？

神様は私たちの失敗や弱さに対して決して怒らない、責めない、何度でも罪を赦してくださる、このような神様イメージを持っているでしょうか。安心感があれば、どんなことでも言えます。時には恨みや怒りの気持ちをぶつけることも、幼い子どものように感情的になって訴えることも、安心してできます。神様が理解してくださるからです。

折にかなった助けを受けるために、大胆に恵みの御座に近づこうではありませんか。

（ヘブル4・16）

なぜ心理的安全を体験していく必要があるのでしょうか。それは「折にかなった」必要な時に助けを得るためです。後になって子どもが「助けてほしかった」と親に言っても、親は「なぜもっと早く言ってくれなかったの？　言ってくれたら助けてあげたのに」と言うでしょう。

私たちは心理的安全を体験していないと、神様に弱音を吐けなくなります。また、信仰者らしくないと思える姿を隠してしまいます。「実は心から信じられていない」「赦す気持ちになれない、いや、赦したくない」「何年たっても負のルーティーンを変えることができない」……そんな葛藤を覚えておられる方にお勧めします。

今日も神様は尋ねています。「何をしてほしいのですか、話してごらん」と。

勇気をもって、一歩進んでみてくださいね。

恵みの文化～二ミリオン行く喜び

結婚して今の教会に来た時、土曜日の朝に祈禱会が行われていました。祈禱会の後は、数名の方々と礼拝堂を掃除していました。決められたというわけではなく、自然にそうなっていたようでした。みなさんとおしゃべりしながら、楽しく奉仕をしていました。ところがしばらくたつと、掃除をするのがいつも同じ顔ぶれなのが気になりはじめました。

そこで、当時の牧師であった宣教師に提案してみました。

「掃除の奉仕をみなさんで分担したらどうでしょうか？」

すると彼がこう答えたのです。

「それはいい提案だと思います。真面目な日本人のみなさんはきちんと奉仕をするでしょう。でも、それ以上することはないでしょう。ところが、恵みの中で奉仕すると、律法の要求（義務感）を超えていきます。」

恵みが律法の要求を超える……私にはそのことばの意味が理解できませんでした。「恵みの中で生きる」と自ら進んで奉仕をするようになる、そう言われても、やはり分担表があったほうがいいと思う気持ちは変わりませんでした。

ある平日の夜、忘れ物をしたことに気づき、教会に取りに行ったことがありました。すると、あるご夫婦が会堂の掃除をしておられました。誰かに頼まれたわけではありません。びっくりしている私に、「やりたいと思ったからしていただけよ」と、当たり前のように言われたことが衝撃でした。私がたまたま見かけたのでわかったのですが、そうでなければ誰にも知られないままだったでしょう。ここには私の知らない世界があるように感じました。


「あなたが施しをするときは、右の手がしていることを左の手に知られないようにしなさい。」（マタイ6・3）

このみことばが実際に目の前で実践されていたのです。

宣教師のことばを思い出しました。恵みは律法の要求（義務感）を超えていく。人は決められたこと以上を喜んでするようになる。「恵みの中で生きる」クリスチャンの姿を見た瞬間でした。

私はこの二人のように、誰の目にも留まらなくても喜んで仕える人になりたい、恵みの中で生きていきたい、と強く願うようになりました。そして、なぜ私は公平に奉仕をするべきだと思ってしまったのか、自分の心を探ることにしました。

マルタとマリアの話が頭に浮かびました。マルタはイエス様にもてなしをするため、喜んで料理の準備をしていました。しかし、何もしていないマリアに目が留まった時、不公平感を抱きはじめます。奉仕が義務に変わり、喜びが消えてしまいました。それどころかイエス様にまで腹を立てて、「マリアにも私の手伝いをするように言ってください」と強く訴えました。

私もマルタのように宣教師に訴えていたことに気づきました。

数年後、夫が後任の牧師になりました。彼はメッセージの中で、よく放蕩息子のたとえ話をしました。父のもとを去った弟息子が父に迎えられる、その赦しと愛、恵みについて何度も話します。

しかし私は兄息子と自分が重なるのでしょう。彼の不満が理解でき、共感します。私と似ているからでしょう。彼を観察していると、自分の心の状態がわかるようになりました。

長女の私は責任感が強いほうだと思います。物事をきっちり行いたいのです。それ自体は良いことです。しかし、その真面目さが気づかないうちにプライドになっていたと感じました。

「あなたに一ミリオン行くように強いる者がいれば、一緒に二ミリオン行きなさい。」（マタイ5・41）

一ミリオン行くというのは、言われたことだけをする、義務感から行うことです。でも、そのままだと不満だけが残ってしまいます。しかし二ミリオン行くには、強いられてではなく、自発的に決めなければなりません。そうすれば、不満が喜びに変わっていく、と教えられました。

それでもやっぱり性格的に、不公平感を抱くことがありました。

しかし、あのご夫婦のことを思い出すと、そのたびにへりくだらされました。宣教師のことばを思い返し、何度も恵みに立ち返ることができたのです。そして気づかないうちに、恵みの文化の中で私自身が変えられていきました。

神の恵みで押し出されて奉仕している自分の姿に気づくと、とてもうれしくなります。置かれた場所で自分らしく生かされていることに喜びを覚えます。神様から特別扱いを受けている気持ちにさえなります。

今日もその喜びの中で、家庭、仕事、そして教会で主に仕えていきたいと願います。

「シャバット」（止める）

夫が「安息日」の本を出版しました（『イエスと共に過ごす安息日』いのちのことば社）。本当の安息日は日曜日に限らないこと。生産性を求めないこと。仕事のための休息ではなく、神様の働きがいつも先行していることを覚えて安息に入っていくこと……。ある人が尋ねました。

「のぶさん（夫）は、どうやって安息しているの？」

「実際はなかなか……。葛藤しながらこの本を書いた。なぜ安息できないのかな？」

しばらく考えた後、夫が口を開きました。

「山で祈りながら、三十三歳の若さで、五人の子どもを遺して亡くなった父。ある人が母に『何も残さず亡くなった、無駄な死だった』と言ったそう。自分が休みなく働いてしまうのは、父の死が無駄死にではなかったと証明しようとしているのかもしれない、無意識に。それに駆り立てられて、安息できていないのかも。でも、この本を書きながら、自分のたましいを見つめることができたよ。」

夫が働き詰めなので、私は心配して何度も休暇を取るよう言ってきました。夫を「ワーカーホリック」としか見ていなかったのですが、こんなところに理由があったとは。

数日後、私の父と、このことを話す機会がありました。

「戦後、休みなく働いていた世代の人々の心情と似ている。若くして亡くなった戦友の人生を無駄にしたくない。それが自分を犠牲にしてまでも働く原動力になった。結果、戦後日本は復興し、すばらしい経済成長を遂げることができた。それを見ることで、失ったものを無駄にしなかった、そう無意識に感じることができたのではないか。」

父の見解を聞いて、夫の心の動きが少しわかった気がしました。すると、私のイライラもなくなっていきました。夫も自分を客観的に見つめることができたので、徐々に安息を取れるようになっていくでしょう。

ところで、自分はどうなんだろう？　無意識に駆り立てられているものはあるのか？もしあるならその正体を見つけ出したいと思いました。

塾の仕事は、帰宅してからもやることが多くあります。どうしたらより効果的な授業ができるのかと考えはじめたらキリがありません。その探求心のおかげで、今日までがんばってこられたのは確かです。どんな時、安息を失っているのか？

「うちの子どもの成績が下がりました。」

保護者の方から言われたらパニックになります。そんなこともある、と思えたらいいのですが、私にはできません。どうしたら成績を上げられるか、考えはじめると頭から離れなくなります。成績が下がった原因を調べはじめると深夜にまで、数日続きます。

仕事は妥協しない、だからそんなふうになるのは当たり前だと思っていたのですが、別の何かが自分を駆り立てているかもしれないと考えはじめました。

やはりありました。自分のことをよく思われたい。クレームを言われたくない。授業を評価されないことで拒絶を感じたくない。私の思考のクセです。「拒絶の恐れ」でした。恐れが自分を休みなく働かせていることがわかってきました。

安息日のことをヘブル語で「シャバット」と言います。それは、「止める」といった意味をもつことばです。

どこかで仕事を切り上げないと、夜も安眠できません。私もどこかで止める、という決断が必要だと感じました。

そんな時、自宅で一日中、フリーランスで校正の仕事をしておられる牟《む》田《た》都《さと》子《こ》さんの仕事のルールを耳にしました。

「夫が帰ってきたら仕事の手を止める。その日はそれ以降仕事をしない。自分を酷使しないように決めている。この作品（本）を早く終わらせないと、次の仕事の依頼が来なくなるかもと、不安に思うときもある。しかし、毎日その時間には止めることで、次の日を冷静に、そして身体的に万全な状態で迎えることができる。」これが私にヒントを与えてくれました。その日の労苦を十分とする、それは私が決めないといけない。

私は仕事を終えて帰宅するのが夜九時すぎ。家に着いたら仕事をしない。連絡の返信も次の日にする。ゆっくり夕飯を食べ、好きな読書をして過ごすことに決めました。

ストップするのは、仕事のことだけではありません。子どものこと、親のこと、人間関係、心配ごと……。思い（煩い）も今日の分は終了、と自分に声かけてみました。

「その日の苦労は、その日だけで十分である。」（マタイ6・34、新共同訳）

神様が十分だ、と言っておられるのであれば、超えて労苦すべきではない。「止める」こと。それは「恐れ」から距離を置くことも含んでいる気がします。

今日一日では解決できないことがあります。葛藤はすぐに消えません。祈っても、みことばを読んでも、問題はそこにとどまったままであるときがあります。

神様は毎日、一日の終わりに「シャバット。はい、そこまで」と声をかけてくださいます。今日は十分働いた、思い煩いも今日の分は終わり。続きは明日に任せよう。ゆだねていきたいと思います。

謝罪を感じる言葉

私は謝るのが苦手です。初めて気づいたのは、結婚後でした。「なんで謝れないの？」と夫に言われても、「あなたもしてるじゃない」と言い返してしまうのです。夫はますます怒ってしまいました。

夫はというと、すぐ簡単に謝るのです。反省の色が見えず、「何が原因か、わかってるの？」と責めていました。ただ、私以外の人にもすぐに謝ることができるので、次第に、私も「謝れる人」になりたい、と思うようになりました。

なぜ私はすぐに謝れないのか？　しばらくして、夫がその原因を見つけてくれました。

一つは、謝ることで自分が失敗者になってしまうという恐れでした。間違っていたと認めたら自分の価値が下がってしまうと、無意識に感じていたのかもしれません。

もう一つは、すぐ自分のほうが正しいと思い、なかなか非を認めないところがあったのです。理不尽な出来事には、自分の過ちは棚に上げ、怒りが湧き上がってくるのでした。

相手に赦してもらえる謝り方にも悩みました。息子が友達とケンカして、謝罪しに行った時のことです。

A君のお母さんに、ことの経緯を伝え、息子と一緒に謝りのことばを伝えました。しかし、彼女は怒ってしまったのです。友人に相談したところ、こう言われました。「そんな謝り方なら、言いわけに聞こえるから、それはダメよ。まずは相手の感情が収まるまで、とことん謝らないと。」

前回のことを反省して、B君のお母さんには誠心誠意謝りました。でも、彼女の口からは意外なことばが返ってきました。「前に『もうしません』って言ってたよね？　なんでまた同じことをするの？」　返答に困った息子は黙ってしまい、彼女の怒りは収まらなくなりました。

C君のお母さんには笑顔で「いいよ、そんなに謝らなくても」と言われました。でも、笑顔とは裏腹に、私に対する態度はどこか冷たく、その後も変わりませんでした。

ちゃんと赦してもらえるのか。関係が壊れてしまうのではないか。子どもの問題に目を向けるよりも、お母さんの反応を恐れるようになりました。きちんと和解することができず、失敗した自分が情けなくなりました。

子どもの成長とともに、謝罪する機会は減りました。人間関係の境界線を学んだことで、感情に振り回されることも少なくなりました。それでも、謝罪への苦手意識はあまり変わりませんでした。

そんな私の心を軽くしてくれた本があります。『赦しをもたらす5つの方法』（いのちのことば社、品切）です。

謝ってもらったと感じることばが人それぞれ違うというのです。赦してもらうためには、五つの伝わる言語から選ぶ必要があると書かれていました。

•後悔の念を伝える――「ごめんなさい」
•責任を認める――「私が悪かった」
•償いをする――「何をしたらいい?」
•真に悔い改める――「二度としないように努めます」
•赦しを請う――「赦してください」

A君のお母さんは、謝ってもらったと感じる言語が、私の伝えた謝罪と違っていたのかも。B君のお母さんは、「二度としません」のことばだったら安心し、赦してもらえたかもしれません。自分の謝り方が原因だ、と責めていたところから、状況を客観的に見ることができました。

私は、夫から「僕が悪かった」と責任を認めることばを聞くと心から謝っていると感じます。でも夫の言語は違うので、私が納得できることばを聞くことがありませんでした。

夫は、私が「二度としないようにします」と言えば謝罪を感じます。私はそんな無責任なことばを安易に口にできないと思っているので、彼が求める謝罪はできませんでした。しかし、謝罪と感じる言語が違うことを理解し合えたことで、素直に謝れるようになりました。恐れが少なくなっていくと、修復が難しい関係においても、自分のできる分の誠意を示して、あとは神様にゆだねる選択をすることができます。

親子関係、仕事関係にも適応できそうです。

神様との関係も探ってみました。

私は、同じ失敗を繰り返すと、もう神様から赦してもらえないと思う時があります。しかし、そのたびに、みことばが気づかせてくれます。

わたしが彼らの不義を赦し、もはや彼らの罪を思い起こさないからだ。

（エレミヤ31・34）

過去の罪は忘れてくださっている。だからどれだけ悔いているのか、神様にアピールしなくてもよい。すぐに赦してくださるからです。神様の赦しが最初はわからない時があるかもしれません。でも神様は私たちにわかる言葉で赦しを語ってくださいます。どこまでも寛大で、慰めに満ちた愛を今日も感じたいと思います。

赦しを受け取った分だけしか赦せない

「赦し」をテーマにお母さんたちと読書会をしました。

一人のお母さんが神妙な顔つきで、「私は赦されていい、とは思っていない」と言いました。

「子どもにきついしつけをしてきてしまった。思い出すたび心が痛む。これからもきっと赦してもらえない。この苦しみを背負って生きていかないといけない。」

母親として、彼女の気持ちは痛いほどわかります。子育てはやり直せません。なぜあんなふうに叱ったのだろう、もっと違う言い方があったのではないだろうか、親としての未熟さを悔います。

また、子どものほうから「赦すよ」とはなかなか言ってもらえないので、子どもの心を傷つけたと、いつまでも責めを感じてしまうでしょう。

人間関係でうまくいかなかった時も同じです。その時のことを思い出すと、まだ胸がちくちく痛むのです。相手が亡くなっていたり、所在がわからなくなったりした場合は、和解のチャンスがありません。謝りたくても赦してもらえる機会はもうありません。

赦されることについて述べられた聖書の箇所があります。

するとみよ。その町に一人の罪深い女がいて、イエスがパリサイ人の家で食卓に着いておられることを知り、香油の入った石膏の壺を持って来た。そしてうしろからイエスの足もとに近寄り、泣きながらイエスの足を涙でぬらし始め、髪の毛でぬぐい、その足に口づけして香油を塗った。（ルカ7・37〜38）

この女性が高価な香油を惜しみなく注いだ時、弟子たちは「無駄なことをした」と彼女をきつく叱りつけました。誰の目にも少し行き過ぎた行為に映ったでしょう。私がその場にいたら、「そこまでしなくてもいい」と止めていたかもしれません。

しかし彼女は罪赦されたことがうれしくて、高価な香油も決して高いとは思っていなかったのでしょう。

「この人は多くの罪を赦されています。彼女は多く愛したのですから。赦されることの少ない者は、愛することも少ないのです。」（ルカ7・47）

以前の私は、このみことばの「多く赦されている」イメージがなかなか湧きませんでした。牧師の家庭で育ったので、赦されるべき罪が多くある、と言われても、他の人と比べて少ない気がしていました。そうすると多く愛することはできないのだろうか、と疑問をもっていたのです。

その反面、自分の失敗にいつまでも責めを感じていました。私は人間関係において失敗すると、普通の人以上に責めを感じるタイプだと思います。思い出すと心が痛みます。時が経つと責めが積み重なって、重りのように心にのしかかります。

私たちが悔い改める時、神様はすべての罪を赦してくださいます。救いを体験し、神様と和解した確信が与えられます。しかし、自分への責めが消えないのはなぜでしょう。

ある時、「赦されている」と「赦しを受け取る」の違いを知りました。赦しを受け取った分だけ人を赦すことができると聞いて、ショックを受けました。自分が意識さえすれば、どれだけでも人を赦せると思っていたからです。

私は赦しをしっかり受け取っているのだろうか、考えはじめました。すると、自分の中に「受け取りやすい赦し」と、「受け取りにくい赦し」があるように気づきました。

頭では、自分の罪は赦されていることを理解しています。しかし目に見える形で赦しが与えられないと、赦されている、と実感するのが難しくなります。結果、神様からの赦しを受け取れていなかったのです。

二度と同じ失敗をしないために、赦されてはいけない、と自戒を込めて、そのままにしているものがあったように思います。

「多く赦されている」というのは、赦されるはずがないと心を閉ざさず、素直に赦しを受け取ることです。

ゆっくりですが、受け取る練習を始めました。時にはへりくだることも必要です。見たくない自分を受け入れるのには勇気がいります。

丁寧に向き合っていくにつれて、自分を赦していく生き方ができるようになりました。

一つの失敗でいつまでも自分を責めることがなくなりました。人を受け入れる余裕や、赦すスペースが出てきたように感じます。

「赦されてはいけない、と思いながら他の人を赦すのは無理ですよ。他の人を赦していくためにも、もっと前向きになって、子どもから赦されている、と赦しを受け取ってもいきましょうね。」

私が言うと、彼女は涙をポロポロと流しはじめました。きっと心の重荷を下ろせたんだろうなあと感じました。

私ももっと心の重荷を下ろして、高価な香油を注いだ女性のように積極的で大胆な生き方をしていきたい。そのために、その都度神様の赦しを受け取り、自分を赦していきたいと思います。その分だけ人に優しくなれるからです。多く受け取った中から多く与えていきたいと願います。

エマオを行ったり来たり

「信仰から離れてしまった」、心がつらくなる言葉です。信仰から離れないように祈ってください、と祈りのリクエストをお願いされることもあります。

また、私自身の子育ての時には、子どもが信仰を持つように、「信仰から離れない」ように導くことが、クリスチャンの親としての責任であると信じていました。

ですから、「今日は教会に行きたくない」と思春期の子どもに言われた時には、パニックになりました。社会人になればゆだねるしかありません。平安をもって祈るのが難しく感じる出来事が起こるかもしれません。

「信仰の成長」とは、どのようなものなのでしょうか?

救われたあとは、「栄光から栄光へと主と同じ姿に変えられる」のを目指すことが、成長だと教えられてきたと思います。でも現実では、成長が止まっているかのように感じる時があります。乗り越えられない、信仰が後退しているように思えて、深く落ち込んでしまう時期もありました。本当に主と同じ姿になれるのだろうか?

慰められたメッセージがありました。エマオの途上の話です。

イエスは、エマオの村に向かう二人の弟子に「見知らぬ人」として寄り添い、一緒に歩かれました。二人の弟子は、イエスがイスラエルを救ってくださると信じていたのに十字架で殺された姿に深く失望し、エルサレムを離れていました。

想像してみました。弟子たちははじめ、自分たちの不満、失望、怒りをイエスにぶつけていたのでしょう。しかし、イエスは戒めたり正したりもしないで、うなずきながら聞いておられたと思います。

私は、子どもが信仰から離れたらどうしよう、という心の中にあった不安とは向き合わずに、ただ「信仰から離れませんように」と祈っていました。神様は不安な気持ちを正直に打ち明けるのを待っておられたのだと思いました。

そんな時、私は信仰の友に不安な気持ちを聞いてもらうことができました。正直な気持ちに共感してもらえた時はホッとしました。葛藤しているのは自分だけではないことがわかり、お互いに励まし合うことができました。

しかし、それだけでは将来の不安は残ります。

イエスは、二人の弟子を、強引にエルサレムに引き戻すことも、説得しようともされなかったのです。エルサレムからどんどん離れていくのに、エマオの村に到着しても、イエスはもっと先に行こうとされました。慌てて弟子たちが引き止めたほどです。私たちの不安に寄り添い、いつまでも一緒に歩きたいという熱い思いを感じます。

このイエスの姿は、親にとって大きな慰めと励ましになります。

親から見て子どもが信仰から離れて行っているようでも、イエスから離れられないのです。それは、どこまでもイエスが一緒にいてくださるからです。大きな安堵感を覚えました。

二人の弟子はエルサレムに戻りました。もしかしたら、また何かに失望してエマオに向かうことがあったかもしれません。その時もきっとイエスは一緒に歩いてくださるでしょう。ハッと気づいてエルサレムに戻るたびに、神様の愛の大きさを体験できるでしょう。

子どもたちの信仰も、エルサレムとエマオを行ったり来たり、そんな旅路を送る人生かもしれません。信じては疑い、疑っては信じることの繰り返し。

親にできることは、子どもの信仰との間に境界線を引くことだけなのかもしれません。教えること、励ますことは役目としてあります。ただ、しつけと混同して型に押し込めないこと、信仰を強要しないことは、いつも心に留めておきたいです。親子の関係が崩れていなければ、放蕩息子のように、帰る場所を思い出す日が訪れるでしょう。

神様は、私たちが何か偉大なことを達成することには、あまり興味がないのかもしれません。きっと私と一緒に過ごすことを何よりも喜んでおられると思います。神様の熱い視線がいつも私に注がれています。なぜなら神の子としてくださったからです。特別扱いしてくださるのです。そう思うとうれしくなります。

信仰を成長させるために無理してがんばらなくてもいい。人生という旅を楽しんでいきましょうね。

期待とゆだねることのバランス

私は牧師家庭に生まれました。父が開拓した教会でしたので、小さい頃から年上の方にかわいがってもらって育ちました。年上のお姉さんやお兄さんに遊んでもらったことは、とても楽しい思い出です。

しかし、長い年月の中では悲しい出来事もありました。少し年上のお姉さんが交通事故で亡くなった時や、学生会のリーダーだった人ががんで亡くなった時は、家族のように感じていた分、喪失感や悲しみは大きいものでした。

また、予測しない事件も起こります。苦労している両親を近くで見てきたので、次第に「心の感度」を下げるようにしていたと思います。ですから、何が起こっても、あまり驚かなくなりました。

結婚して、牧師の妻になりました。夫は牧師の家庭で育ったわけではないので、牧会上初めて体験する出来事に驚いたり、悩んだり、葛藤したりしています。夫は自分と同じように反応しない私を、冷静すぎると見ていたようです。

いろいろと経験したので、客観的に物事を判断できるようになったと自分では思っていました。私の強みだと信じていました。

問題が起こると、まず客観的に見ようとします。原因は何なんだろうか、解決はどうしたらいいのか、考えます。うめいて必死に祈るよりも、「みこころがなりますように」と、ゆだねることをすぐ選んでいました。

ヨブの祈りについて説教がありました。

「主は与え、主は取られる。」

一見、信仰的で理想の受け止め方のように聞こえます。私の問題の捉え方と似ていると思いました。

しかし、これはヨブなりの現実との折り合いのつけ方であったというのです。ヨブが完全に神を信頼していた表れではありません。その証拠に、子どもたちが罪を犯したかもしれない、これからも犯すかもしれないと、神の刑罰におびえ、全焼のいけにえをささげています。心の奥底には、災いが起こるかもしれないという恐れがあったのがわかります。祈りのモチベーションは恐れだったのです。

私の祈りはなぜうめく前にゆだねようとするのか？　ヨブのように見えない恐れがあるのか？　自分の心を探ってみることにしました。

やはり幼少期に体験した出来事が少し関係しているように思います。家族のように慕っていた人たちの死を見て、もう悲しみたくない、ショックを受けたくない。その結果、「心の感度」を低くするようにしていました。神様に期待しすぎると、がっかりするかもしれないと恐れていました。熱心に祈り求めるよりもゆだねるほうが安心だったのかもしれません。

教会の友人と十年以上続けている祈りの課題があります。叶いそうに何度もなりましたが実現していません。「ゆだねきっていないからだ」とつい反応してしまいます。高ぶらないために祈りが聞かれないのだと思い込んでいました。自分が失望しないように、神様のイメージを変えていると気づきました。

もっと期待して祈り求めていこうと決心しました。天のお父様が子である私たちを良きもので満たしてくださらないわけがないのです。

「求めなさい。探しなさい。たたきなさい。」（マタイ7・7）

ギリシア語では継続的にという意味を含んでいます。

神様に期待して心から願い続けることと、みこころがなるようにゆだねることの両方を大切にしていくこと。時々、信仰のバランスをチェックしていきたいと思います。

心の充電方法

夫は基本的に話すのが大好きです。おもしろい話で場を盛り上げるのが得意。でも二時間以上話し続けていると、急に言葉が少なくなり、電池が切れた状態になることが多いらしいのです。

言われてみると確かにそう。あれほど楽しそうに内容の深い話をしているのに、急にトーンダウンするのが横にいる私にもわかりました。

夫自身もずっと疑問に思っていました。人が嫌いなのではない、話すことは好きなはずなのに……。

ある本がその謎を解いてくれました。

『内向型人間の時代――社会を変える静かな人の力』（スーザン・ケイン、講談社）の説明によると、社交的な人が必ずしも外向的とは限らないというのです。外向的か、内向的かは、心の充電方法の違いなのです。

外向的な人は、人との関わりで充電します。内向的な人は、一人になることで充電します。

自分たちを観察してみました。夫婦で正反対のタイプであることがわかりました。夫はよく人と話します。社交的です。しかし、心の充電にはひとりの時間を作る必要があります。部屋にこもってひとりの時間を過ごします。充電されると元気になります。私も社交的ですが、人と会って話すことで充電されます。仕事でどれだけ疲れていても、友人と会って話すと回復します。一日中話していても疲れません。

お互いの充電方法を理解してからは、相手の生活リズムを尊重できるようになりました。以前なら、家事を手伝ってほしい時に夫が部屋にこもっていると、イライラしてしまいました。今は、充電が終わってから頼むことにしています。

夫は、私が疲れているのに人と会うために出かけようとすると、「もっと疲れてしまうから」と心配して止めようとしていました。今は少々家事が残っていても、「僕がやっておくから行ってきたら」と後押ししてくれます。元気になって帰ってくるのを知っているからです。

これは子どもにも適応できます。あまり社交的でなくても人と話すことで充電されるなら、話をじっくり聞いてあげると良いと思います。

友達と盛り上がるのが大好きで社交的な性格なのに、家ではまったくしゃべらない内向的なタイプもいます。思春期の時期に子どもが黙っていると心配になります。嫌なことがあったのかな、親が嫌いなのでは、と不安に思うことがありました。

でも、充電していることが理解できると、逆に「静かな空間」を作ってあげることができたと思います。お客さんをあまり招かないようにもしました。


充電が難しいのはどんな時でしょうか？　消耗しすぎるまで充電をしない時です。

私の場合を考えてみました。

引き受けなくてもいいのに、「ＮＯ」が言えなくて無理をしてしまった時です。嫌われたくない、認めてほしい気持ちが強くなった時や、恐れから反応してしまうと、心が消耗します。人の機嫌を取ることが多くなると、心が消耗して、なかなか充電しにくくなると感じました。

塾の仕事では、保護者の方の評価がとても気になります。必要以上に対応していると、心労が積み重なっていきます。キリがありません。

ママ友からの誘いを断れず、すべて応えていた頃がありました。同調圧力からきていることに気づいていない場合もあったと思います。無理して予定を合わせ、時間を過ごすことで、消耗する原因になっていました。

人と接するのが好きで、話していると元気になる私。でも、些細なことでイライラしはじめたら、心が消耗しているかもしれない。そのままにしていると回復が難しくなるかもしれません。

人を恐れると罠にかかる。しかし、主に信頼する者は高い所にかくまわれる。

（箴言29・25）

充電された元気な心が愛を惜しみなく注げるのです。新しい私に今日も出会っていけると思います。

何を見張るよりも、あなたの心を見守れ。いのちの泉はこれから湧く。

（箴言4・23）

おわりに

二〇二〇年四月、コロナ禍で緊急事態宣言が発令され、英語塾の授業がすべてキャンセルになりました。「仕事がなくなるかも……」「生徒が戻ってこないかも……」と、今まで経験したことのない不安に襲われ、落ち込んでしまいました。

すると夫が、「何でもいいから、とにかく書き始めたら？　今が書くチャンス」と、強く勧めてきました。私はそれまで日本語で長い文章を書いたことはありませんでした。「何のチャンスだろう？」とさえ思いました。

時間はたっぷりとあるので、とにかく始めたのですが、最初の日は十行ほどしか書けませんでした。それでも毎日続けていると、リズムが生まれ、次第に書く量が増えてきました。一か月後、文字数をカウントしてみると、八万字にもなっていました。

夫が内容も読まずに、自分の本の担当編集者に原稿を送ったことには驚かされました。ところがです。編集者の方から予想もしていなかった嬉しい返事が届きました。

「いつか形にしたいです。」

あれから三年、あとがきを書いている今も、本になるなんて信じられません。

振り返ってみると、幼い頃から私は本が大好きでした。すぐに読み終えてしまうので、母は家族の図書館カードを利用して、一度に二十冊ずつ借りてくれました。父も「読書の部屋」を作ってくれたので、本に囲まれた環境でした。今、あの時と同じワクワクした感覚があります。

「袖を通す」という言葉は、着物用語に由来していると、タイトルを決めてから知りました。初めて着物を着る時は「着物に袖を通す」。二回目以降は「着物を着る」と表現するそうです。この本を手に取ってくださった皆さんが、今日の新しい自分自身と出会えることを心から願っています。

本書では、教会で持たれている「子育て会」や「読書会」で私が学び、実践したことなども紹介させていただきました。今も日々、新しい気づきがあります。今後も書き続けていきたいと思います。

編集を担当してくださった、いのちのことば社の山口暁生さんに心から感謝いたします。連載の時から祈り、励ましてくださった多くの方たちと私の両親に感謝しています。最後に、たくさんのアドバイスを与えてくれた夫に感謝しています。夫婦そろって、「文章を書く」楽しみが増えました。人生の秋を楽しみたいと思います。

今日も新しい私に袖を通す

2023 年 7 月 20 日発行

著　者　豊田かな
印刷・製本　日本ハイコム株式会社
発　行　いのちのことば社
164-0001 東京都中野区中野 2-1-5
TEL 03-5341-6920
FAX 03-5341-6921
e-mail：support@wlpm.or.jp
ホームページ http://www.wlpm.or.jp/
新刊情報はこちら

乱丁落丁はお取り替えします　Printed in Japan

ISBN978-4-264-04439-0